Empatía Psíquica

Secretos de los Psíquicos y Empatistas y una Guía para Desarrollar Habilidades como la Intuición, la Clarividencia, la Telepatía, la Lectura del Aura, la Sanación y la Mediumnidad

Contents

Part 1: Psíquica

La guía definitiva de desarrollo psíquico para desarrollar habilidades como la intuición, la clarividencia, la telepatía, la curación, la lectura del aura y la mediumnidad

Introducción

Los siguientes capítulos analizarán qué es la capacidad psíquica, los cuatro tipos intuitivos y las herramientas necesarias para ayudarlo a desarrollar su propio potencial de premonición psíquica, curación y protección contra las fuerzas negativas. También proporciona instrucciones para ponerse en contacto con sus Guías espirituales (también conocidos como Ángeles Guardianes), Meditación guiada, Mediumnidad y Telepatía.

Aprenderá a interpretar los mensajes psíquicos y energéticos que recibe de otros y del reino espiritual, así como a leer las auras de las personas, tanto visual como energéticamente. El objetivo es comenzar desde el principio de lo que es un largo y fructífero viaje para descubrir y fortalecer sus habilidades psíquicas al proporcionarle formas útiles y detalladas en las que puede practicar "flexionar su músculo psíquico". Este libro explora más a fondo los diferentes tipos de lecturas psíquicas, que se completan con ejemplos y guías sobre cómo interpretar diferentes señales.

Capítulo 1: ¿Qué es el poder psíquico y cómo descubre usted su tipo intuitivo?

Las habilidades psíquicas de la vida real no son realmente como lo que crecimos viendo en la televisión. Los psíquicos no obtienen un destello vívido de la nada hacia el futuro, como una pequeña película reproducida en su tercer ojo, justo a tiempo para advertir al sujeto de la visión para que puedan cambiar su destino, la capacidad de percibir lo que depara el futuro no es solo la materia de Hollywood. Aunque es mucho más sutil que la forma en que se lo representa en la televisión, es más una intuición.

Ahora, todos tienen intuición, pero la intuición psíquica de algunas personas es más fuerte que otras por varias razones diferentes, la más común es que no la ejercen mucho, ya que generalmente no creen en la intuición y, como resultado, no la escuchan o no la detectan. También podría ser debido a un bloqueo emocional o un trauma que le impida acceder a su canal psíquico y enfocar su energía adecuadamente. Por lo tanto, nunca se desarrolla y permanece sin uso y latente en el subconsciente de una persona.

Mire, su intuición es como un músculo, tiene que seguir usándola y practicándola para que se convierta en una verdadera habilidad psíquica. Si ha crecido en un entorno en el que se le alentó a confiar en su "sexto sentido", es más probable que tenga una capacidad psíquica más fuerte. ¡Pero hay buenas noticias para aquellos que fueron criados por los escépticos del mundo y/o si usted es un escéptico! Incluso si no tuvo esta exposición temprana y el permiso para desarrollar su don, eso no le descalifica para alcanzar el poder psíquico. Para aquellos de ustedes que necesitan un poco de entrenamiento espiritual, ¡comencemos!

Una cosa que las personas que están más en contacto con su intuición a menudo se preguntan cuando tienen la sensación de que algo anda mal es: ¿simplemente estoy ansioso y paranoico, o mi sentido de presentimiento es legítimo? El truco que normalmente funciona para llegar al fondo de la duda sobre su sentido y si solo es ansiedad o una premonición real es: si siente un repentino destello de presentimiento o alguna sensación de que algo va a salir mal y luego desaparece, esa es su intuición. Preste atención a la sensación y escuche lo que le dice, de lo que le está advirtiendo. Podría ser muy importante. Sin embargo, no durará mucho, así que intente interpretarlo de la mejor manera posible, incluso puede escribir cómo se siente. Si tiene la sensación de que algo está mal y no puede dejar de pensar en ello todo el día hasta el punto en que lo piensa demasiado y analiza en exceso para tratar de averiguar qué significa y cómo puede resolverlo al extremo de que está bastante nervioso y eso simplemente no desaparecerá, es más probable que sea solo ansiedad y no una verdadera predicción psíquica en este caso. Es fácil saber cuándo es la ansiedad porque la sensación no lo deja en paz.

Otra señal de que es una premonición psíquica sería un tipo de sensación de hormigueo. Las premoniciones psíquicas también suelen ir acompañadas de una sensación de hormigueo en el cerebro, generalmente en la parte superior o entre los ojos. No siempre vienen con esta sensación, pero lo más probable es que si lo que cree que está sintiendo está acompañado de un cosquilleo en la cabeza, es bastante seguro decir que es una premonición.

También puede sentirse muy agotado o con poca energía después de una premonición psíquica, aunque esto también puede deberse a la ansiedad, ya que el estrés y la agonía por algo pueden tener un efecto mental y hacer que se sienta agotado a lo largo del día y después. Por lo tanto, esta no es una forma segura de saber si es una premonición, pero las premoniciones psíquicas hacen que uno se sienta cansado, especialmente en el caso de los principiantes, ya que todavía no saben cómo usar la energía del universo para obtener ayuda.

El uso de su propia reserva de energía no suele ser la mejor manera de realizar la práctica psíquica, ya que es limitada (en oposición a la del universo que es ilimitada) y puede agotarse muy rápidamente. Si obtiene una premonición de la nada (es decir, si recibe una premonición, aunque no intentara recibirla), no le dejará una opción de ser ayudado por la energía del universo, pero si se está proponiendo hacer una lectura psíquica, es importante no usar su propio suministro de energía limitado y tratar de leer y recibir premoniciones sin ayuda.

A medida que comience a despertar sus poderes psíquicos, comenzará a notar algunos cambios en su vida. Esta es una señal segura de que está en el camino correcto y de que sus habilidades están creciendo. Esté atento a cualquier cosa que note sobre usted que esté fuera de lo común o si la gente dice que usted parece diferente. ¡Esto es probable porque vibra a mayor energía ahora que ha empezado a despertar su intuición!

Los sueños vívidos son un signo seguro de esto. Probablemente se dará cuenta de que cuanto más sintonizado esté consigo mismo y con sus habilidades, más vívidos serán sus sueños. Si es alguien que rara vez sueña, o rara vez recuerda sus sueños (y si lo hace solo son imágenes y sentimientos vagos), notará un aumento en sus sueños y podrá recordarlos de manera más vívida. Esto se debe a que una vez que sus poderes psíquicos han sido despertados, su subconsciente se libera más y se bloquea menos, por lo que los sueños fluyen de manera más natural. También puede recibir mensajes psíquicos en sueños (vea el capítulo 10). Estar más en sintonía con su intuición también aumenta su energía, conciencia y conexión con el mundo espiritual, que puede presentarse en sus sueños ahora que su mente ha estado más despierta.

Junto con sueños vívidos y sensaciones de hormigueo, también puede experimentar una mayor frecuencia en los dolores de cabeza. Si lo hace, por favor consulte a un médico para estar seguro. Podría ser un signo de que sus capacidades mentales se esfuerzan y se cansan de la práctica psíquica que ha estado haciendo. La cantidad de energía que tiene que utilizar para conectarse y enfocarse en su intuición y el reino psíquico es excelente, e incluso si se conecta con la energía del universo, todavía puede ser una gran tensión y una carga para el cerebro de un psíquico principiante. Sin embargo, no tema: los dolores de cabeza deberían comenzar a disiparse a medida que progresa y desarrolla sus habilidades y se vuelve más fuerte y enfocado. Eventualmente, a medida que adquiera más experiencia y esté en contacto con su intuición, las lecturas psíquicas pueden convertirse en una segunda naturaleza, y aunque es probable que sigan cansando, los dolores de cabeza deberían disminuir a menos que esté realizando una lectura particularmente difícil o una lectura que requiera una cantidad de energía, enfoque y tiempo. Si no cesan, nuevamente, hable con su médico acerca de sus síntomas. Es importante recordar esto para todos los síntomas, dolores y molestias que se pueden asociar con la lectura psíquica, etc. Siempre es mejor estar seguro y controlarlos, ya que la capacidad psíquica es solo una explicación posible.

También puede notar que sus otros sentidos se agudizan ahora que está en el camino hacia la conciencia psíquica. Si ha notado que ya no necesita que los subtítulos estén activados cuando está viendo una película, su paleta ha cambiado ligeramente, sus ojos parecen más nítidos de lo normal o los colores se vuelven más vívidos, usted es más sensible a ciertas telas y puede captar y localizar los olores con mucha más facilidad, esto puede atribuirse a su mayor potencial psíquico. Después de todo, está aumentando su sexto sentido; es natural que las otras facultades también aumenten su habilidad.

Ahora, si se siente frustrado porque aún necesita sus lentes a pesar de que sus habilidades psíquicas están aumentando, solo recuerde que convertirse en un psíquico no es una cura para nada. No le permitirá de repente ver con visión 20/20 o darle una paleta refinada; puede simplemente elevar ligeramente sus sentidos, eso es todo. Es solo un signo de mayor poder.

Cuanto más comiencen a mostrarse sus poderes psíquicos, más alta será su vibración. Cuanto más alta sea su vibración y energía, menos tiempo querrá pasar con personas negativas o haciendo cosas negativas. No se sorprenda si, mientras se encuentra en su viaje psíquico, sus ojos sean abiertos a la negatividad y los hábitos negativos de algunas de las personas en su vida. Esta es una parte completamente normal del viaje psíquico, y puede terminar sintiendo la necesidad de eliminar a ciertas personas de su vida o dejar de realizar ciertas actividades negativas en las que participaba. Drama innecesario, rudeza, chismes, comportamiento dañino, etc.., son todos ejemplos de cosas que comenzará a tener la fuerte necesidad de evitar o cesar. Esto no quiere decir que no pueda disfrutar de su programa de televisión de realidad favorito de vez en cuando, o sacar a un amigo de su vida porque está luchando contra una adicción o porque está teniendo un mal día y se enoja con usted o son negativos en el sentido de que están tristes y tal vez luchan contra la depresión. Sin embargo, las personas que siempre son negativas y quieren arrastrar a otros con ellos no son personas con las que quiera estar. Si se siente bien para usted y al final le traerá felicidad y le dará poder en su viaje, entonces es mejor que elimine a estas personas (tan gentilmente como sea posible, sin ser grosero o agresivo al respecto, sea cortés y sensible si cree que les debe eso) o deje de hacer estas cosas que traen negatividad a su vida. La negatividad es extremadamente agotadora para los no psíquicos, por lo que puede imaginar lo que le hace a alguien que probablemente será bastante vulnerable a las emociones, los pensamientos y la energía de los demás. Por eso es mejor que los psíquicos eviten la negatividad.

Un aumento o desarrollo de la psicometría también es común para los nuevos psíquicos. La psicometría es cuando puede sentir la energía o la historia relacionada con un objeto con solo tocarlo. Eventualmente, es posible que incluso tenga premoniciones asociadas con el objeto, pero mientras aún es un principiante, puede notar que puede sentir la energía de un determinado objeto, a menudo no a propósito. Esto es bastante común en las tiendas de antigüedades. Restregarse contra un espejo plateado viejo, un relicario, un artículo de joyería o cualquier tipo de reliquia antigua puede traerle una extraña sensación de anhelo aparentemente sin razón, pero esto puede deberse a la historia del artículo o al propietario del artículo. Tal vez el artículo les fue entregado por el amor de su vida que luego murió o lo abandonó o que tal vez se les prohibió ver. Esto explicaría la sensación de anhelo asociada con el objeto. Por lo general, ocurre con objetos más antiguos u objetos que han pasado por mucho, y cuyos propietarios actuales o anteriores han pasado por mucho también. Pueden ser prendas de vestir, joyas, arte, muebles, incluso cuando ingresan a una casa, muchos psíquicos pueden sentir la energía relacionada con ella y su historia/viejos propietarios. Si se va a mudar pronto y va a mirar una casa abierta, para tener una idea de si la casa es adecuada para usted, también usted toma en cuenta la energía del lugar. Pase sus manos por las paredes, mostradores y muebles en cada habitación. Esto debería darle una buena indicación de si hay un exceso de energía negativa o no, o si usted/la persona con quien se está mudando y la casa serán un buen ajuste energético. A menudo oirá que el cabello de la gente se pone de punta y tiene una sensación de energía maligna o negativa cuando entra en una casa, y luego descubre que en algún momento ocurrió un asesinato o algún otro evento horrible. Esto se debe a que están recogiendo la energía del espacio a través de la psicometría. Las personas con intuición y habilidades psíquicas más desarrolladas son más propensas a recoger energía, por lo que, si empieza a sentir cosas como estas cuando las toca, es una buena señal de que está en el camino correcto.

Cuatro tipos de intuición psíquica

Ahora que estamos hablando sobre cómo se siente su intuición psíquica y algunos signos de que sus poderes se están desarrollando, echemos un vistazo a los diferentes tipos de intuición psíquica y definámoslos:

- Clariaudiencia
- Clarividencia
- Clarisintiencia
- Clariconocimiento

Es posible que no haya escuchado estos términos antes, así que aquí hay una breve descripción de cada uno.

Clariaudiencia es cuando suena como si alguien estuviera hablando directamente en su mente. No de la misma manera que las personas con ciertas enfermedades mentales, esta es más bien una respuesta corta a una pregunta o consejo, y no debe sonar o sentirse áspero o discordante. La palabra "clari" significa claro, y "audiencia" proviene de "audire", que significa escuchar, por lo que usted está "oyendo" estos mensajes psíquicamente, aunque generalmente está dentro de la mente. Puede sonar similar a cuando interpreta una conversación mentalmente, o similar a cómo escucha a las personas hablar en sueños. Estos sonidos y mensajes pueden provenir de sus guías espirituales o del espíritu de alguien en su vida que haya muerto. Si alguna vez ha visto a alguien ir a un médium psíquico (capítulo 9) en la televisión, o tal vez ha acompañado a alguien una vez, para tratar de contactar a un ser querido muerto, y el médium le preguntará el significado de cierta frase o sonido, es probable que los reciban estos a través de la clariaudiencia.

Clarividencia es cuando ve imágenes en su tercer ojo que sostienen un significado psíquico. "videncia" significa visión, visión muy clara. La próxima vez que una imagen salte en su mente, aparentemente de la nada, intente analizarla. Puede tener un significado simbólico (o muy literal) sobre algo que se avecina en su vida, o puede explicar algo sobre lo que ha estado pensando o preocupándose. La clarividencia no será un destello muy específico hacia el futuro en el que puede ver exactamente un evento que sucederá como una película en su mente, como la forma en que lo muestran en los programas de televisión. Será una imagen sutil o "visión" en su tercer ojo. ¡Es posible que haya tenido mensajes clarividentes en el pasado sin darse cuenta! Algunos ejemplos de lo que se clasifica como un mensaje clarividente pueden ser colores, números o letras, palabras, imágenes o retratos de personas, objetos, animales, lugares o cualquier cosa simbólica.

Clarisintiencia (sentimiento claro) es probablemente el más común de los cuatro. Es cuando siente que algo va a pasar. Si alguna vez ha escuchado a alguien usar la frase "Simplemente puedo sentirlo" o "esto no se siente bien", esto es clarisintiencia. A la clarisintiencia a menudo se le llama su "intuición" o su instinto. Otro aspecto de la clarisintiencia es poder sentir las emociones de los demás. Tal vez sienta una oleada de tristeza antes de que su amigo entre a una habitación y luego le digan que su madre ha fallecido. Tal vez esté hablando por teléfono con su amigo que tiene una pierna derecha fracturada y siente un breve dolor en la pierna derecha, incluso antes de saber que se la rompieron. Tal vez usted ve a su mascota y de repente estalla en llanto abrumado por la tristeza sin razón aparente, y dentro de una semana, su mascota muere. Estos son ejemplos de la clarisintiencia.

Clariconocimiento (conocimiento claro) es cuando su intuición le ayuda a descubrir algo que su cerebro racional no puede, algo en lo que quizá esté atrapado. Por ejemplo, si está atascado en el tráfico, ¿debería arriesgarse a tomar la próxima salida para salir de ella y tomar el camino alternativo, o terminará tardando más tiempo? Inexplicablemente, decide esperar y el tráfico se ha despejado pronto, y está en camino. Esto es el clariconocimiento. Si alguna vez ha escuchado a alguien decir: "Lo sé" y no tienen pruebas que demuestren su certeza o ninguna forma de saber, pero terminan teniendo razón, eso es el clariconocimiento.

Entonces, ¿cómo puede saber si está teniendo un pensamiento normal o si es un mensaje psíquico? Los mensajes y las premoniciones a menudo pueden ser bastante sutiles, pero la forma de saberlo es si algo (imagen, sonido, sensación, certeza) simplemente aparece en su mente sin ninguna relación con lo que estaba pensando. Este es probablemente un mensaje psíquico y no un pensamiento. Por lo general, estos mensajes psíquicos también son bastante fuertes, no una pequeña idea en el fondo de su mente. Sin embargo, a veces son comunicaciones más silenciosas, por lo que con cualquier cosa que le venga a la mente aparentemente no provocada, siempre es mejor intentar verlo más de cerca y analizarlo, ya que puede tener cierta importancia psíquica.

Con estos cuatro canales de comunicación psíquica, si simplemente analiza con mayor profundidad el siguiente sonido, imagen, sentimiento o pensamiento que brota de su mente de forma espontánea, es posible que encuentre un significado psíquico relevante. El(los) mensaje(s) lo ayudará(n) a obtener información, a recibir comunicaciones del reino de los espíritus (guías espirituales, seres queridos fallecidos, etc.), o a revelarle premoniciones o predicciones que sus otros cinco sentidos no pueden. Es posible que ya haya leído esta lista y se haya centrado en uno de los cuatro con los que se siente más conectado o que cree que uno de ellos definitivamente vendrá de forma más natural que los otros. Tal vez haya usado uno o más de estos en el pasado, ya sea que se haya dado cuenta en ese momento o no. Tal vez ya se haya dado cuenta de que tiene más capacidad para uno que para los demás. Ese es probablemente el canal en el que será más fuerte y el canal en el que recibirá los mensajes más claros y poderosos, al menos por ahora. No quiero decir que no pueda practicar con los otros tipos y fortalecerlos. Hay muchos psíquicos que, por ejemplo, comenzaron naturalmente con talento para la clarividencia y para recibir mensajes de clarividencia, pero a medida que practicaban, gradualmente se hicieron más poderosos y dominaron la clarisintiencia y se convirtió en su canal intuitivo más fuerte. Este es solo un ejemplo, pero es para mostrar que ¡nunca se queda atrapado en una sola situación o conjunto de habilidades con una sola opción! Aunque si desea mantener el que más le guste como el de la habilidad más fuerte, entonces por todos los medios. ¡Recuerde, la habilidad psíquica es como un músculo!

Cada psíquico tiene una forma específica en la que se manifiesta su poder e intuición, y a menudo está relacionado con quiénes son y con qué tipo de persona son. Todos, sin importar su habilidad, tienen una de cuatro personalidades psíquicas. O es un intuitivo espiritual, un intuitivo físico, un intuitivo emocional o un intuitivo mental. Entonces, ¿cómo descubre qué tipo es y si se ajusta a sus habilidades psíquicas? Bueno, cada uno se manifiesta de manera diferente, y hay ciertos rasgos asociados con cada tipo que puede examinar para ayudarse a descubrir cuál le resuena más y cuál se parece más a *usted*. No hay una prueba oficial, pero cada personalidad psíquica se define en los párrafos siguientes y, con suerte, puede tener una idea de cuál es la más adecuada para usted.

Los *intuitivos físicos* son los que tienen vínculos profundos con objetos importantes y, por lo general, la psicometría (sentir cosas tocando objetos físicos) es algo natural para ellos. Son los que tienen más probabilidades de usar objetos como cartas de tarot, bolas de cristal, lectura de palmas o teomancia (lectura de hojas de té) para determinar cosas sobre una persona o el futuro y realizar lecturas psíquicas. Son muy de transmitir cuando se trata de sentir la energía, confiar en la presencia física o mover sus manos cerca de un objeto o persona para tener una idea de las cosas. Esto hace que sean los más propensos a ser atraídos por el arte de la curación psíquica, o los que suelen tener un talento natural para la práctica. A menudo son hogareños y les encanta organizar su hogar, muebles y decoraciones de acuerdo con sus intereses. Su hogar no es simplemente un espacio para que ellos coman y se vayan a dormir por la noche, es su templo y refugio del mundo exterior, y muestra una parte de quienes son.

Pasan una cantidad sólida de tiempo en el hogar y, a menudo, tienen un montón de desorden y baratijas en la casa. También disfrutan mucho pasar tiempo en la naturaleza y conectarse a sí mismos.

Los *intuitivos mentales* son los analistas. Pensarán las cosas repetidamente, volviéndolas una y otra vez en su mente hasta que encuentren una explicación para algo hasta que den un resultado. Siempre se aseguran de tener en cuenta cada pequeño detalle, comprobación y doble control. Nunca quieren perderse nada, y no son grandes tomadores de riesgos, ni tampoco son muy espontáneos. Los intuitivos mentales tienen más probabilidades de ser clarividentes o clariaudientes y recibir mensajes psíquicos a través de imágenes o sonidos en su mente, ya que es donde pasan la mayor parte del tiempo. Tienden a "vivir en su cabeza", por así decirlo, y pueden pasar horas y horas simplemente con la compañía de sus propios pensamientos, solo pensar. Necesitarán la mayor cantidad de información y pedirán el mayor detalle cuando se sienten a leer para alguien. Ellos son quienes usan la lógica a través de algo, la lógica, la razón y la racionalidad son lo que viven. Al trabajar en algo, ya sea que se trate de una tarea psíquica relacionada o no, en general tienen una buena capacidad para concentrarse y mantenerse centrado en lo que están haciendo. También tienden a tener intereses académicos, aunque no siempre es así.

La meditación es realmente importante para los *intuitivos espirituales*. Alinear armoniosamente su energía dentro de sí mismos y con el universo es clave para ellos. Son muy conscientes del desequilibrio espiritual y pueden sentirlo con bastante claridad. Puede hacerlos irritarse y sentirse "desconectados" y discordantes hasta que mediten o encuentren alguna estrategia para el equilibrio interior, la paz y la conexión con la tierra para volver a ponerlos en su lugar. Están menos arraigados en este mundo que los otros tipos y se describirían como el tipo de "tener su cabeza en las nubes", con una tendencia a soñar despierto con bastante frecuencia. Sus mentes vagan constantemente, y pueden tener dificultades para concentrarse en una tarea, incluidas las lecturas psíquicas y/o las conexiones. Son los más conectados con el plano espiritual en la mayoría de los casos, siendo las personas que, incluso con poder psíquico latente, reciben o son visitados por espíritus del reino espiritual, la mayoría de las personas que conocieron que murieron y pasaron por alto. La mediumnidad (capítulo 9) es a menudo algo a lo que los intuitivos espirituales son atraídos. La lectura del aura, la curación por energía, la mediumnidad y la recepción de mensajes psíquicos a través de los sueños son prácticas que, en la mayoría de los casos, son naturales para la intuición espiritual. Tienden a tener sueños bastante vívidos con mensajes subconscientes (capítulo 10). También pueden tener una afinidad para viajar. Sin embargo, deben tener cuidado, ya que son propensos a la adicción y al escapismo. También son los más propensos a adorar alguna forma de deidad o poder superior.

Los *intuitivos emocionales* son los que pueden leer o sentir las emociones de las personas con la mayor facilidad. A veces, esto puede ser una carga para ellos, ya que se sienten bombardeados por los sentimientos de otras personas y solo quieren desconectarse, especialmente para los psíquicos/intuitivos principiantes que aún están pensando cómo apagar y encender los mensajes energéticos de este tipo. Es posible que prefieran grupos pequeños a grupos grandes y realmente disfruten su tiempo a solas por esta razón. Son el introvertido clásico, en parte porque estar solo en casa para ellos funciona como una especie de refugio alejado de las diferentes energías que flotan en el mundo, un lugar donde pueden relajarse y desconectarse, sin absorber los diferentes sentimientos de los extraños en público. Como su nombre indica, ellos mismos también son personas muy emocionales y sensibles. Muchos los describen como émpatas, debido a su empatía extremadamente alta y su capacidad para sentir lo que los demás sienten. Más allá de la simpatía, comparten los sentimientos que pueda tener alguien. Estas personas tienen una predisposición natural a la clarisintiencia (sentimiento claro). Su gran empatía y comprensión de las diferentes perspectivas de los demás hace que sean personas que complacen a las personas de corazón. Quieren que todos sean felices y siempre se esfuerzan por ayudar a las personas. Son la personalidad clásica de "hombro para llorar". Sin embargo, es muy importante que no permitan que esta necesidad de ayuda y de complacencia a otros los traspase. Deben vigilar que las personas no intenten aprovecharse de ellas, como suele ocurrir cuando otras personas más negativas sienten que alguien es empático/emocionalmente intuitivo. Las personas negativas, crueles y manipuladoras las agotarán energéticamente si el intuitivo emocional no tiene cuidado. ¡Deben evitar este tipo de persona a toda costa! Es importante que aprendan que necesitan defenderse, decir que no y tomarse un tiempo para sí mismos. Toman decisiones basadas en cómo se sienten en lugar de usar la lógica. Piensan con su corazón, no con su cabeza. Estas personas son narradores naturales, por lo que a menudo los encontrarás en profesiones como escritores, músicos, poetas y artistas. Debido a su naturaleza desinteresada, también los encontrará inclinados a realizar un trabajo de curación psíquica, similar a los intuitivos espirituales.

Con suerte, estas breves descripciones le dieron una idea de lo que podría ser su tipo intuitivo, aunque tenga en cuenta que estos son solo esquemas básicos, estereotipos de las categorías en las que las personas pueden encajar. Si no se ajusta a todas las descripciones enumeradas para cada tipo, está bien; lo más probable es que nadie se ajuste a todos estos rasgos. Solo le dan una idea de cuál puede conectarse y resonar más con usted y describirlo mejor. Puede sentir que uno le representa más que los otros. Es importante que sepa cuál es su tipo intuitivo porque le informa cómo afecta su uso de sus habilidades psíquicas y qué aspectos, técnicas y habilidades le pueden parecer más naturales.

Capítulo 2: Cómo desarrollar sus habilidades psíquicas

Ahora que hemos revisado los cuatro tipos de mensajes psíquicos y es probable que haya encontrado que es más fuerte con uno que con los otros, además de haber descubierto su tipo intuitivo, discutamos cómo practicar y fortalecer estas habilidades.

¡Comience el camino para sentirse empoderado y seguro de sí mismo! Recuerde, incluso los psíquicos más experimentados o naturalmente dotados no iniciaron su viaje con total confianza y poder; tenían que practicar a menudo para aumentar gradualmente sus habilidades. La clave es creer en sí mismo y permanecer relajado. Confíe en su habilidad e intuición, aunque, si lo han educado para ignorarlo, puede parecer una tontería al principio. Siga notando las cosas sutiles que siente. Además, tenga en cuenta que debe mantener las sesiones de práctica relativamente cortas, no más de una hora, ya que las sesiones más largas son innecesariamente consumidoras y agotadoras, y no se puede esperar que mantenga su enfoque tanto tiempo. Una vez que haya perdido su enfoque, concentración y conexión a tierra, cualquier práctica que intente será inefectiva.

Un sentimiento de miedo puede surgir a medida que comienza a tener premoniciones más precisas. Esto es natural: ahora es consciente de un plano de realidad con el que los humanos normalmente no están en sintonía. Parte del desarrollo de sus habilidades y confianza es superar este miedo o inquietud. Si realmente quiere ser más poderoso, el miedo solo se interpondrá en su camino. La renuencia lo impedirá. Es cierto que no todas las predicciones serán positivas. Puede prever el fin de las relaciones o la pérdida de dinero o la muerte, y debe aceptar que todo esto es parte de la vida. También debe estar preparado para las premoniciones negativas.

Otra cosa importante que debe recordar es: no deje que los escépticos lo disuadan. Sabrá que, si ha tenido una experiencia psíquica que, a pesar de que no puede explicarse por la lógica, no se puede negar su verdad. Si hay muchos escépticos lógicos en su vida, pueden burlarse de usted o cuestionarlo, tratando de convencerlo de que es tonto o incluso de que está loco. Es importante mantener la calma y la concentración. No permita que este tipo de personas lo distraigan u obstaculicen sus habilidades. Encontrará gente como ellos en todas partes, así que trate de bloquearlos lo mejor que pueda.

Una gran técnica es escribir posibles mensajes psíquicos. Intente llevar un diario de lo que cree que pueden ser premoniciones clarividentes, auditivas, sintientes o conscientes. Lleve un rastro de estos registros y vea si alguna vez vienen de ellas, si son relevantes en absoluto. Esta es una excelente técnica para principiantes, ya que puede ordenar los fragmentos aleatorios de los mensajes psíquicos reales, y puede comenzar a reconstruir cómo se siente realmente una predicción o premonición. También esto puede ayudarlo a escribir cómo se sintió cerca de cada mensaje potencial.

Esto no se puede reiterar lo suficiente. Practique cada día. Esto puede sonar desalentador, pero si lo sigue haciendo, pronto llegará de forma natural y ni siquiera notará que lo está haciendo. Ahora, si pierde un día o dos o más por cualquier motivo (enfermedad, sensación de agotamiento emocional, etc.), ¡no se preocupe!

Simplemente continúe donde lo dejó y siga probando diferentes técnicas y herramientas. No es algo de lo que preocuparse si no ha practicado en mucho tiempo, no perderá "el don" como lo tenemos todos, al igual que sus músculos no se deteriorarán si no va al gimnasio por un tiempo. Esto es solo para decirle las mejores y más efectivas formas de desarrollar el poder de su don.

Otra herramienta altamente efectiva es la meditación. Lo analizaremos más a fondo en el capítulo 6, pero lo abordaremos ahora, ya que es una de las herramientas y técnicas principales para desarrollar su intuición psíquica.

Si practica diariamente, intente incorporar sesiones de meditación de diez a veinte minutos en su rutina diaria antes de intentar interpretar algo. Esto eliminará cualquier bloqueo emocional, pensamientos, preocupaciones o distracciones que pueda tener relevantes para la práctica psíquica o sobre su vida diaria. También lo conecta con un plano superior donde residen su guía(s) espiritual(es) y su energía psíquica. Conectarse con su(s) guía(s) espiritual(es) durante la meditación también le servirá para responder cualquier pregunta que pueda tener, ya que le ayudarán. La meditación vacía la mente para ayudarlo a enfocarse en la tarea espiritual en cuestión. Para obtener más información sobre meditación, técnicas de meditación y guías espirituales, consulte el capítulo 6.

La psicometría es también una técnica muy fácil de probar. La palabra puede sonar complicada, pero todo lo que significa es leer la energía de un objeto. Simplemente levante algo que tenga algún significado que usted sepa, como una reliquia familiar para comenzar, y céntrese en la energía que proviene de ella. Despeje su mente y mire lo que surge. No fuerce ninguna imagen, simplemente déjelas fluir. Una vez que haya practicado así unas cuantas veces, intente hacer la transición a un objeto del que no conoce la historia y el significado. Vaya a una tienda de artículos de segunda mano y compre un adorno de plata viejo o un artículo de joyería. O puede pedirle a un amigo que le preste un artículo importante de ellos o de su familia sin contarle la historia y el significado que hay detrás. De esta manera, es probable que sea más efectivo, ya que puede hacer la lectura frente a su amigo, diciéndoles qué imágenes, palabras o sentimientos surgen, y pueden decirle si tienen alguna relevancia o precisión.

Observe ciertos símbolos que vuelven a aparecer en sus premoniciones. Si ha realizado una investigación preliminar sobre profecías o predicciones, probablemente se haya topado con algún tipo de guía de símbolos; por ejemplo, cosas como rojo significa amor, 13 significa mala suerte, verde significa riqueza, etc. Lo que debe saber es que ¡no hay principios universales! Los símbolos son diferentes para cada uno. Atado a la idea de la revista, está la idea de probar y controlar qué ciertas imágenes, colores o números tienden a simbolizar para usted.

Si es posible, rodéese de personas con ideas afines, como otros psíquicos o personas en el mismo camino espiritual que usted. Si encuentra personas en el mismo nivel vibratorio, su energía aumentará y esto le ayudará a prosperar espiritualmente. Por lo tanto, el crecimiento de su capacidad psíquica. También es bueno tener un refuerzo positivo de sus compañeros. Si no conoce a nadie en su vida con una idea similar de espiritualidad, intente encontrar algo en línea. Los diferentes grupos o foros en las redes sociales pueden ser tan útiles como el asesoramiento y la conversación cara a cara. Incluso puede consultar si hay algún grupo local en el que viva al que pueda unirse y participar. Intente buscar un grupo con una mezcla de psíquicos experimentados y principiantes. De esa manera, puede obtener consejos y hacer preguntas a los miembros más experimentados sin sentirse demasiado intimidado, ya que tiene otros principiantes para practicar y comparar notas. Ya sea en línea o en su vida, es importante contar con el apoyo positivo de personas afines.

Pasar tiempo en la naturaleza también es un calmante para el estrés que le ayuda a abrir su mente. Todo esto puede sonar como consejos básicos de vida que no tienen mucho que ver con los poderes psíquicos, pero es imposible crecer como psíquico si está estresado y bloqueado emocional/energéticamente. La naturaleza es nuestra raíz. La naturaleza estuvo aquí antes que nosotros, y permanecerá aquí mucho después de nosotros desaparecer. Camine y dese cuenta de que, a pesar de todas sus preocupaciones, los árboles se mantendrán firmes. El viento todavía soplará. El mundo no se detendrá. Sumérjase en la paz y la antigua energía de la naturaleza y deje que esa energía calme y vacíe su mente. Como se mencionó ya, una mente vacía es la mejor manera de comenzar una lectura psíquica.

Haga preguntas del universo con frecuencia. Si está caminando por la acera y se está preguntando si debería cambiar de carrera, o se está relajando en el baño, y se está preguntando si su relación está funcionando. No importa dónde se encuentre y qué se esté preguntando, intente tomar conciencia de esto y pedir conscientemente al universo un consejo. Sáquelo del estado pensativo y pregúntele a propósito al universo, ¿qué hago? ¿Cómo puedo resolver esto? Sea especifico. Es posible que no obtenga una respuesta inmediata, pero si espera, un día, una semana, quizás unas pocas semanas, la respuesta probablemente aparecerá ante usted. Solo necesita preguntar.

Si ha estado probando estas técnicas y siente que está atascado con lo que debe hacer a continuación, simplemente repita, repita, repita, practique, practique y practique. El camino hacia el desarrollo de sus poderes psíquicos es diferente para todos, pero el principio universal es mantener la confianza y el enfoque. Si hay una técnica que se siente como que le funciona más a usted que la otra, enfóquese en esa, lo que sea que funcione mejor para hacer crecer sus poderes.

A continuación, discutiremos algunas herramientas importantes que los psíquicos a veces usan: *tarot, adivinación de bola de cristal, quiromancia y lectura de hojas de té*. Estas son todas formas de adivinación, una forma de revelar el futuro. Existen otras herramientas y métodos físicos que los psíquicos pueden usar, pero comencemos con estos cuatro. Es probable que prefiera uno sobre los demás o que un determinado método sea mucho más natural y fácil para usted, proporcionándole lecturas más precisas. No sienta presión para dominar todo esto; son solo métodos posibles que puede usar como psíquico.

Si alguna vez ha oído hablar de cartas del *tarot*, es posible que haya oído que no puede comprar su propio mazo; se le tiene que regalar a usted. Eso es un mito. Puede elegir y comprar su propio mazo, y no cambiará nada. Al elegir un mazo, intente conectarse con él, su energía tiene que hacer clic con la suya. Si la obra de arte realmente se destaca, esto también es una buena señal de que es su mazo. Una vez que haya seleccionado su mazo, no intente hacer ninguna lectura de inmediato. Tiene que "adentrarse" espiritualmente, por así decirlo. Una forma de hacerlo es sacar cada carta una por una y pasarla por humo. Esto limpiará su energía. Luego, barajee a través del mazo y examine cada carta individual, tomando en cuenta cualquier sentimiento que pueda evocar la obra de arte. Salga a caminar con su mazo, duerma con él junto a su almohada. Es importante entrelazar sus energías para que el mazo esté familiarizado con usted y usted con él. Cuando recién empiece, puede hacer lecturas para usted mismo y luego preguntarle a un amigo si puede practicar con ellos. Cuando haga una lectura, puede encontrar una distribución que le guste (por ejemplo, tres cartas: una para el pasado, otra para el presente y otra para el futuro) y mientras baraja/antes de distribuirlas, haga una pregunta a la carta. No puede ser una pregunta de sí o no porque no hay cartas de sí o no. Sin embargo, puede ser tan vago o específico como quiera. Si está realizando una lectura para otra persona, es posible que deseen mantener la privacidad de sus preguntas, pero hágales saber que esto puede dificultar la interpretación del mensaje de las cartas. Si está leyendo para otra persona, coloque la baraja frente a ellos y pídales que la corten en tres pilas, luego elija la carta superior de cada pila (este es un ejemplo de una distribución básica. Si hay otra manera en que usted sienta que quiera que ellos extraigan las cartas, o si quiere usted extraerlas por ellos, entonces hágalo, hay muchas técnicas diferentes). Cuando se voltea cada carta y se muestra la ilustración, verifique si alguna de ellas está al revés (primero decida qué camino será el correcto, hacia usted o hacia ellos). Ahora, no todos siguen esta creencia, pero muchos lectores de tarot leen las cartas al revés de manera diferente a cuando estaban en la posición correcta. Puede leerlas de esta manera o ignorarlo. Su paquete de tarot debería haber venido con un pequeño libro que describa cada carta. Si no, puede salir y comprar un libro de tarot en su tienda esotérica o librería local o buscar en línea. Sin embargo, la descripción es solo la mitad del camino. El siguiente paso es aplicarlo a la pregunta/vida de la persona e interpretarlo según lo que haya preguntado. Si no desean decirle su pregunta, explique el significado de las cartas y dónde se encuentran en la distribución lo mejor que pueda, y verifique con ellos para ver si tiene sentido y es aplicable a su pregunta. Algunas lecturas serán extremadamente obvias en su mensaje, mientras que otras son más crípticas y requieren más análisis e introspección. Para practicar la memorización de significados y descripciones de las cartas, adopte el hábito de extraer una carta cada mañana para ver cómo va a ser su día. Elija su carta y lea la descripción para ello. Muy pronto se familiarizará con las cartas y sus descripciones.

La *adivinación por bola de cristal* es otra herramienta clásica utilizada por los psíquicos. Es un artículo tan famoso que se ha introducido en muchas películas y es un símbolo universal de los psíquicos. Si bien es un símbolo tan famoso, es un arte que es difícil de perfeccionar y lo más probable es que no produzca resultados inmediatos o sólidos. Para empezar, lo mejor es hacer una visión de la bola de cristal en un espacio atmosférico poco iluminado que permita que la mente se relaje y divague. Las bolas de cristal grandes pueden ser bastante caras, pero las pequeñas funcionan igual de bien y son mucho más baratas. Asegúrese de que sea una bola de cristal transparente y que no esté hecha de piedra opaca, y que tenga algún tipo de soporte para ella (la madera, el vidrio o la piedra es preferible al plástico) para que no se caiga rodando de la mesa. Mientras observa su bola de cristal, su atención debe estar en el medio. Intente tener algún tipo de fondo sólido detrás de él para que no confunda la distorsión de ningún objeto o luz con las imágenes. Debería sentirse como al entrar en un estado casi similar a un trance, y puede que la bola empiece a tardar unos minutos en revelarle las cosas. Recuerde, la relajación es la clave. Encienda incienso o difunda aceites esenciales y reproduzca música instrumental calmante si cree que esto le ayudará a llegar al estado adecuado en el que se revelarán los secretos de la bola. Tómese un momento para tranquilizar su mente antes de comenzar. Aclare cualquier esperanza o expectativa de lo que cree que va a pasar o lo que cree que verá. Otra cosa a considerar antes de comenzar es, como con su mazo de tarot, pasar un tiempo familiarizándose con su bola de cristal. Sosténgala, manténgala cerca de usted, construya esa conexión. Ahora que está listo, su mente en calma, su atmósfera establecida, puede comenzar a mirar. Asegúrese de que la posición en la que esté sentado para mirar sea cómoda durante un período prolongado de tiempo, ya que puede tardar un tiempo en que se revelen los mensajes, o si es su primera vez, puede no ocurrir en absoluto, y tendrá que permanecer en una posición por un tiempo para mantener su enfoque. Mientras mira, visualice que su mente esté tan clara como la bola de cristal. Sabrá que un mensaje entrará cuando empiece a aparecer una niebla. Cuando esto sucede, no cambie, ni física ni mentalmente. Trate de mantener el enfoque y mantener la conexión. Permanezca tranquilo y quieto. Se sentirá y su mente se verá atraída hacia la bola de cristal, la bola y usted son uno. Las imágenes aparecerán, pero no las interprete todavía. Solo tómelas, absórbalas una por una a medida que aparezcan, hasta que empiecen a desvanecerse. Esto es cuando puede romper su enfoque. Ahora puede reflexionar sobre todo lo que vio. Interprete las imágenes como lo haría con un mensaje clarividente o un sueño (vea el capítulo 10). ¿Qué simbolizaban? ¿Qué estaban tratando de decirle a usted (o a la persona para la que está leyendo) sobre alguien, algo o algún problema que ocurra en su vida? ¿Cómo se representó esto? Si lleva un diario de sus prácticas y experiencias psíquicas, anote cada imagen que se le reveló durante su vistazo de la bola de cristal con el mayor detalle posible para que no se le olvide y pueda volver a ellas más tarde y analizarlo. Recuerde, la primera vez o incluso las primeras veces puede que no vea nada. Mirar a la bola de cristal es un arte muy difícil de practicar y perfeccionar, así que siga intentándolo y haga todo lo posible por no sentirse desanimado.

La *quiromancia* (o quirología) es otro símbolo famoso de la práctica psíquica y otra herramienta útil que muchos psíquicos usan para realizar lecturas. Es mucho más fácil de dominar que una bola de cristal y es más barato que comprar una bola de cristal o un mazo de tarot. Todo lo que necesita es una persona que esté dispuesta a permitirle tomar sus manos por un corto período de tiempo, y eso no cuesta nada de dinero. Puede que incluso haya visto su tienda psíquica local adornada con el letrero de neón de una mano con todas las líneas utilizadas por los lectores de palmas para hablarle de su vida. Cada línea representa algo diferente acerca de una persona. Hay la línea de vida, el semicírculo que comienza desde la mitad de su mano y se curva alrededor de su pulgar. La línea de la cabeza y la línea del corazón, que son paralelas entre sí (la línea de la cabeza es la más baja, la línea del corazón más alta, más cerca de los dedos). También está la línea de destino que atraviesa el corazón y la línea de la cabeza, pero no todas las personas tienen una línea de destino. Estas son solo algunas de las líneas más básicas que puede interpretar de la mano de alguien. La línea de vida representa salud, lesiones, eventos importantes de la vida y bienestar. La línea de la cabeza representa cómo alguien piensa y se comunica, qué tan creativo o intelectual es alguien, y cómo aprende alguien. La línea del corazón representa la emoción, el romance, las relaciones, la salud mental y la salud del corazón. La línea del destino muestra qué parte de la vida de una persona estará controlada por el "destino" o por fuerzas fuera de su control. Mire su propia mano y vea si puede señalar cada línea. La forma en que se leen se basa en cómo aparece la línea en la mano. Las líneas más largas y curvilíneas significan más emocionales y creativas, mientras que las líneas más rectas y cortas muestran un buen manejo de las emociones y una disposición lógica. Las líneas de ruptura, especialmente la línea de vida y destino, indican cambios importantes en la vida. Hay muchos libros y sitios web en línea donde puede leer cómo diferentes líneas parecen significar cosas diferentes, pero aquí hay algunos ejemplos:

- *Línea de la Vida*: Cuanto más cerca esté su línea de vida de su pulgar, más cansada y con poca energía tiende a estar. Cuanto más profunda y larga sea la línea de vida, más vivacidad tiene alguien. Cuanto más corta y superficial sea, más débil será la voluntad del individuo. Si su línea de vida es recta y no se curva mucho hacia la base del pulgar, es probable que tenga cuidado cuando se trata de romance. Un círculo o una isla en su línea de vida puede indicar una lesión.

- *Línea de la Cabeza*: Si es corta, la persona tiene más capacidad física que capacidad mental. Si está separada de la línea de la vida, hay un amor presente en la aventura. Una línea de cabeza curva indica un individuo creativo. Una línea de cabeza ondulada revela un lapso de atención corto. Si la línea es profunda y larga, el individuo es un pensador claro y racional. Si es una línea muy recta, es realista. Si alguien tiene un círculo o una cruz en la línea de la cabeza, esto podría ser un signo de trauma emocional. Una línea de cabeza rota podría ser indicativa de pensamiento disperso.

- *Línea del Corazón*: Si la línea del corazón se detiene (o comienza dependiendo de la forma en que lo lea) debajo del dedo índice, la persona está feliz con su vida amorosa. Si se detiene debajo del dedo medio, el individuo es egoísta cuando se trata de amor y romance. Si se detiene en el medio de la mano, es probable que el individuo no tenga problemas para enamorarse. Si la línea es muy corta y recta, el sujeto probablemente no tenga interés en el romance. Si la línea del corazón toca la línea de vida, tiene líneas más pequeñas que la cruzan o se rompe, todos estos pueden ser signos de angustia. Si hay un círculo o una isla en él, esto puede revelar depresión o un período de tristeza. Si es una línea larga y curva, el individuo es emocional, pero si es muy recto y corre bastante paralelo a la línea de la cabeza, pueden mantener sus emociones bajo control fácilmente. Si es una línea ondulada, lo más probable es que tengan problemas de compromiso y probablemente hayan tenido muchas parejas románticas.

• *Línea del Destino*: Cuanto más profunda es la línea, mayor es el control de la persona por el "destino" y/o las fuerzas externas, mientras que cuanto más débil es, más control tiene el individuo sobre su propia vida. Si hay muchas interrupciones en la línea del destino, esto muestra la vida con muchos cambios. Si está unido a la línea de vida en la parte inferior, esto muestra a alguien que tiene mucha ambición y está hecho por sí mismo. Si se une a la línea de vida en el medio, esto muestra a un individuo que tiene o dejará de lado sus propios intereses por los de alguien más. Si atraviesa la línea de vida, esta persona tendrá una gran red de apoyo durante toda su vida.

También hay una diferencia entre la mano que lee. Su mano dominante será su mano pasada y presente, revelando todo con lo que una persona nació. Su mano no dominante revelará todo lo que sucederá en su futuro. Entonces, lo que vea en su mano dominante es algo que ya ha sucedido y le habla de ello, mientras que lo que se revela en su mano no dominante son cosas que aún podrían venir. Para obtener la imagen completa y darle a la persona la mejor lectura que puede proporcionar, es mejor leer ambas manos. Sin embargo, estas predicciones no están escritas en piedra, y puede haber signos en la mano de alguien que revelan la posibilidad de cambiar lo que el futuro traerá, por ejemplo, la línea del destino. El tamaño de la mano también importa. Una persona con manos más pequeñas generalmente puede clasificarse como hacedora, mientras que una persona con manos más grandes es más cerebral y toma menos acción. También puede averiguar cuántos hijos tendrá una persona al alzar su puño. Gírelo para que pueda ver los pliegues que hace su meñique. El número de líneas libres (sin conectar el meñique a la palma) es el número de hijos que tendrá. Sin embargo, esto no funciona con niños adoptados.

La *lectura de la hoja de té* se basa en el simbolismo y en lo que el psíquico interpreta en las imágenes que crean las hojas de té. Esto también se puede hacer con el café molido, pero las hojas de té son la forma más tradicional utilizada. Tendrá que servirse una taza de té de hojas sueltas para esto. Es obvio que una bolsa de té no funciona. Beba la taza de té que ha hecho. Está bien si hay un poco de líquido en la parte inferior, ya que esto ayudará en el próximo paso, que es sostener la taza en su mano un momento, hacer una pregunta (que no sean preguntas sí o no) y dé vueltas a su taza ahora vacía (conserve las hojas de té) en sentido contrario a las agujas del reloj, tres veces. Ahora dé la vuelta al vaso y déjelo por un momento para que el exceso de líquido se salga. Gírelo nuevamente hacia arriba y eche un vistazo a lo que ve. Tenga en cuenta todo lo que se le presente de inmediato o el sentido que tenga de su primer vistazo. Si nada le salta y todo parece muy confuso y no tiene sentido, también está bien, no deje que esto lo desanime. Puede mirar la taza desde diferentes ángulos para ver si algo cambia o se ve diferente. Tómese su tiempo y examine todas las formas y grupos de manera lenta y reflexiva. Mantenga su mente clara y tranquila mientras lee y concéntrese en cómo las cosas que está viendo podrían relacionarse con la pregunta que ha formulado. No trate de forzar un mensaje. Los símbolos comunes que puede ver son cruces, estrellas, letras o números, anclas o formaciones naturales, como árboles o flores. No hay una manera universal de interpretar estos símbolos, pero aquí hay una lista de algunos de los símbolos más comunes y posibles interpretaciones o significados:

- *Escalera*: Éxito. Generalmente en su vida laboral, pero podría ser cualquier aspecto de su vida. Está "subiendo" la escalera hacia el éxito y el logro.
- *Pistola:* Esto demuestra un deseo de actuar. Algo en su vida le hace sentir frustrado y enojado, y quiere hacer algo al respecto.

- *Serpiente:* Esto predice tiempos difíciles por venir. Posiblemente tenga que ver con su carrera, posiblemente un cambio de vida en el futuro inmediato. Prepárese para las dificultades.

- *Montañas:* Las montañas por lo general significan un viaje que debe emprender u obstáculos que debe superar en su camino hacia su objetivo.

- *Ángel:* Este es un símbolo de estar en contacto con su lado espiritual. Puede estar entrando en un tiempo de transformación espiritual y paz mental.

- *Bebé:* Este es un símbolo positivo. La interpretación del renacimiento es obvia, así como un cambio en la vida y una buena noticia. También podría estar diciéndole que pronto podría tener una nueva oportunidad.

- *Bellota:* La bellota es otro símbolo común que se ve en la lectura de hojas de té. Es una señal de que su arduo trabajo será recompensado y de que las buenas noticias y las oportunidades están de camino hacia usted.

- *Avión:* Este símbolo le indica que debe salir del estancamiento de su vida si desea tener éxito. También puede haber un viaje inesperado o una decisión sensible al tiempo por delante de usted.

- *Ancla:* Un ancla es una buena señal. Esto demuestra que las relaciones en su vida ya sean amistades, compromisos románticos o lazos familiares, son fuertes y las personas en su vida son leales. Hay mucho amor. También puede ser una señal de que un sueño suyo se hará realidad.

- *Aves(s):* Otro signo positivo, ver aves en las hojas de té generalmente simboliza que las buenas noticias están en camino. Es una premonición de cosas positivas por venir. También alienta la toma de decisiones.

- *Pez:* Ver peces puede significar buena suerte o algo que ver con el extranjero, ya sea que algo/alguien venga a usted o si está viajando al extranjero.

- *Flores:* Otro presagio de buena suerte. Las flores también pueden simbolizar amistades platónicas cercanas si hay muchas de ellas o amor.
- *Corazón:* La felicidad está entrando en su vida. Esto se debe a alguien por quien usted tiene afecto (no necesariamente tiene que ser romántico) o por dinero. O tal vez ¡ambos! Puede soñar, ¿verdad?
- *Gato:* La imagen de un gato puede significar que, falsedad, traición, chismes o crueldad o desagrado pueden estar presentes en su vida. También puede significar desacuerdos con la familia, o problemas relacionados con el dinero.
- *Perro:* Puede fallar en algo que ha estado intentando. La imagen de un perro también puede predecir un final infeliz para un romance o, nuevamente, problemas con el dinero.
- *Triángulo*: Un encuentro inesperado pero bueno o afortunado.
- *Árbol(es)*: Un árbol o árboles es un signo de felicidad. El dinero viene en su camino; será próspero. Es probable que se encuentre sano y capaz, así como feliz.

Recuerde no forzar ninguna imagen que quiera ver en las hojas de té. Permita que se vean naturalmente, no intente ver nada que no esté allí o gire las imágenes para que se ajusten a su fantasía.

La colocación de las hojas de té y dónde terminan en la taza también es importante. Las hojas de té que rodean el borde o el mango están relacionadas con usted (o la persona que recibe la lectura de la hoja de té). También es más probable que sean representativas del presente o del futuro cercano. Lo que sea que esté en el tazón de la taza de té representa cosas que sucederán en un futuro más lejano. Otra interpretación es que cuanto más cerca del mango, más positivo es el mensaje. Mientras más abajo está en el tazón, peor es la noticia. Y generalmente, si está en el tazón, puede significar que esto no ocurrirá al sujeto de la lectura, sino en alguien en su vida, un familiar, un amigo, un amante o incluso un conocido.

Si se siente desanimado y siente que simplemente no está progresando o mejorando, ¡no olvide mirar hacia atrás y ver hasta dónde ha llegado! Es seguro que le hará sentir mejor el ver el progreso que ha hecho, y cuánto más sintonizado está con su intuición. Tal vez se haya adaptado a su tipo intuitivo o haya tenido una premonición que resultó ser cierta. ¡No se compare con los demás! Si son más experimentados que usted o son también principiantes, pero pareciera que están progresando más, recuerde: ¡el camino de todos es diferente y único! Enfóquese en *su* camino y en su progreso.

Capítulo 3: Protección Psíquica

Ahora que está incursionando en el ámbito de los mensajes psíquicos y el plano espiritual, es importante reconocer los riesgos potenciales involucrados y cómo protegerse de ellos. Se está abriendo a si mismo energética y espiritualmente y es vulnerable a las energías negativas. Al igual que usted se evitaría y protegería de personas negativas y desagradables, lugares, objetos, etc., en el ámbito físico, también desea protegerse de estas energías en el ámbito espiritual, y el primer paso para protegerse y sanarse del ataque psíquico es identificar cómo es un ataque psíquico.

Un ataque psíquico se produce cuando alguien envía energía negativa o "espíritus" para aferrarse a usted, lo que significa que es malicioso y perjudicial. Es posible que ni siquiera hayan querido o se hayan dado cuenta de que lo estaban haciendo. Puede que ni siquiera sean intuitivos o psíquicos. Los ataques psíquicos pueden ser deseados por alguien que ni siquiera cree en ellos; pueden simplemente estar lanzando poderosos pensamientos negativos y maldecir su camino. Sin embargo, un ataque psíquico no viene solo de las personas. Cuando medita e invita a los espíritus a su espacio o les pide consejo, debe ser específico en cuanto a quién o qué tipo de espíritu está preguntando, como si dejara su espacio abierto y dejara su pregunta en general, algunos "espíritus" muy oscuros o energías podrían aprovecharse de esto e ingresar a su hogar, causando estragos energéticos en su vida y en sus capacidades psíquicas. Esta energía oscura puede deshacerse de sus habilidades psíquicas, hacer que sufra emocionalmente y provocar el caos en su vida. Cuando es víctima de un ataque psíquico, las cosas simplemente no se sienten bien. Por la razón que sea, esta persona o espíritu quiere o quiso lastimarlo, y necesita saber cómo defenderse en caso de un ataque psíquico.

¿Cómo sabe si es víctima de un ataque psíquico o simplemente está pasando por un momento difícil en la vida? Algunos síntomas de un ataque psíquico pueden incluir: pesadillas, particularmente pesadillas muy vívidas, miedo a una habitación específica en su hogar, sensación de presencia/sensación de ser observado, mala suerte, enfermedad repentina, depresión y/o agotamiento, cosas que se caen en su hogar, aunque nadie las haya tocado, sintiendo como si su energía se hubiera agotado, no pudiera enfocar su poder, sintiendo la piel de gallina o una ráfaga de viento frío proveniente de un lugar desconocido, sintiéndose carente de poder y baja autoestima. Tenga en cuenta que estas no son garantías de que haya sido blanco de un ataque psíquico; muchas de las cosas en la lista pueden ser parte de la vida. Tampoco es una lista completa. Sin embargo, vigile si algunos o todos estos síntomas están ocurriendo en su vida y si estos sentimientos son normales para usted o si aparentemente salen de la nada. Si tiene todos o muchos de estos, es probable que se trate de un ataque psíquico. Si normalmente es alguien con mala suerte y pesadillas, tal vez no haya una fuerza sobrenatural detrás de esto. Si es una persona paranoica que siempre siente que lo están observando, entonces es probable que no haya un enemigo infame detrás de estos sentimientos. Sin embargo, si muchos de estos ocurren juntos y es muy fuera de lo común, no estaría mal comenzar a poner algunas protecciones psíquicas.

La forma más rápida y fácil de repeler la negatividad es a través de la visualización, aunque requiere mucha energía. Hay algunas formas diferentes de visualizar esto. Un ejemplo es: si siente presencias o energía negativa que lo rodean, simplemente cierre los ojos e imagine que está rodeado por una luz blanca cegadora (o un color de su elección que simbolice poder y protección para usted). Respire para aprovechar la energía de esta luz que le rodea, sienta su poder llenando su cuerpo. Y cuando exhale, imagine que la luz se dispara para envolver todo lo que está en su radio en un destello cegador, arrastrando toda negatividad lejos de usted, de modo que, por un momento, toda su visión es blanca. Inhale a medida que la luz se desvanece y está posicionado tranquilamente en su tercer ojo. Repita tantas veces como sea necesario para sentir que la presencia negativa se ha apartado. También puede crear su propia visualización para repeler las fuerzas negativas. Solo recuerde canalizar mucha energía en ello; de lo contrario, no hará mucho más de lo que haría un sueño. No use su propia energía, sino que aproveche la energía del universo para que no se agote a sí mismo.

Si descubre que sus habilidades psíquicas se están volviendo bastante fuertes y está siendo bombardeado en todo momento por la información psíquica del "sexto sentido", una herramienta útil para bloquear la sobrecarga de información es la seda. Trate de usar una bufanda de seda alrededor de la cabeza o sobre sus hombros y el pecho. La seda también ayuda a defender al usuario de ataques psíquicos y bloquea cualquier intento de ataques psíquicos.

El incienso también es una buena manera de defenderse o curarse de un ataque psíquico. El humo del incienso limpia su espacio y expulsa las energías negativas. Intente encender regularmente incienso para mantener su hogar limpio. O, si cree que es víctima de un ataque psíquico, encienda incienso todos los días, especialmente en cualquier habitación en la que sienta una sensación particular de negatividad, maldad o acumulación de energía negativa debido a espíritus/entidades negativas que acampan allí. Siga haciéndolo hasta que sienta decaer estas energías negativas, y usted y su hogar sean restaurados y limpiados espiritualmente. También puede meditar o sentarse frente al incienso para limpiar su espíritu y despejar su mente, pero asegúrese de que haya una ventilación adecuada. De lo contrario, el humo irá directamente a sus pulmones y las entidades negativas no serán expulsadas porque no hay a dónde ir: quedarán en su espacio. Si hace frío, esto no significa que hay que abrir todas las puertas y ventanas, solo tenga un ventilador en marcha o abra una ventana ligeramente hasta que se apague el incienso.

Otra protección que puede usar/llevar consigo son las piedras preciosas. Ciertas piedras preciosas, como la poderosa turmalina negra u obsidiana, tienen propiedades que repelen la negatividad y los ataques psíquicos. Aquí hay una lista de algunas gemas increíbles para prevenir y defenderse contra ataques psíquicos:

- *Ojo de tigre:* El ojo de tigre es una piedra poderosa y efectiva para bloquear ataques psíquicos dirigidos a usted desde otras personas. Repele el mal de ojo y deja a su atacante impotente para hacerle daño.
- *Amatista:* La amatista es una especie de gema para todo propósito, pero es genial para disipar energía negativa, específicamente energías negativas dirigidas a usted en este caso. Los transforma en algo más positivo.
- *Granate:* El elemento de la piedra preciosa de granate es el fuego. Esta piedra quemará y evaporará los espíritus negativos y las energías que intentan ingresar a su hogar. Funciona como un excelente escudo.
- *Lapislázuli:* El lapislázuli fortalecerá su confianza y romperá las inseguridades. Absorbe los espíritus y las energías negativas y luego las filtra, haciéndolas débiles e inofensivas. Ni siquiera se dará cuenta de que alguna vez estuvieron allí.
- *Turmalina negra:* Como se mencionó anteriormente, la turmalina negra es considerada por muchos como la piedra de protección definitiva, especialmente contra los ataques psíquicos. Esta es una buena noticia para usted. Es una piedra de acción rápida que neutralizará y dividirá cualquier energía

negativa o entidad que se dirija hacia usted. Ni siquiera lograrán acercarse a usted.

• *Hematitas:* Esta piedra, al igual que el granate, actuará como un escudo contra las presencias y energías negativas que intentan alcanzarle. Es un escudo extremadamente poderoso, y también está asociado con el elemento tierra, por lo que es bueno para la conexión a tierra.

• *Labradorita:* Un escudo contra ataques psíquicos, así como una protección contra cualquier daño o mal deseado que otro le haga.

• *Obsidiana negra:* Esta es una gran piedra si cree que lo está atacando alguien muy poderoso, alguien con un gran poder psíquico que no está seguro de poder igualar. Esta es una gran piedra para destruir sus intentos de un ataque psíquico, y una especie de beneficio adicional es que contrarresta la mala suerte.

• *Peridoto:* Una gran piedra para la protección contra las personas que realmente agotan su energía. Esta piedra es menos para protegerse contra un ataque y más para cuando va a pasar tiempo con alguien que sabe que tiene una energía muy negativa y, por lo general, lo deja sintiéndose con poca energía y agotado después, ya sea si es alguien a quien quiere, tal vez un amigo que sufre de depresión, o un miembro de la familia a quien encuentre manipulador y que nunca tenga una palabra agradable o un jefe que no le dé el respeto que merece como empleado. Quienquiera que sea, esta piedra lo protegerá de sus efectos habituales.

• *El Cuarzo,* como la amatista, es otra piedra de uso muy general. Disuelve la energía negativa y la transforma.

• *Cuarzo ahumado:* El cuarzo ahumado, si desea ser más específico que el cuarzo transparente, es una piedra muy poderosa. Tiene una alta capacidad de protección, además de tener propiedades curativas. También ayuda con la ansiedad, dudas y problemas de autoestima. Aporta claridad mental y da poder a su portador.

• *Turquesa:* Esta piedra es una piedra curativa. Si es víctima de un ataque psíquico, intente usar turquesa en su persona. Lo protegerá y disipará cualquier energía negativa que lo rodea.

• *Sal:* La sal es una herramienta útil para usar cuando se protege contra energías negativas, ya que sus propiedades de absorción de energía son excelentes. Cuando llame a los espíritus de cualquier manera, ya sea que esté haciendo una mediumnidad (capítulo 9), pidiendo consejos a sus espíritus (capítulo 7), o invitando a un espíritu a su espacio o interactuando con los espíritus en general, trate de mantener algo de sal a su alrededor. Podría tener un poco de ella sobre su persona, podría rociarla alrededor de usted o de su habitación (una forma menos confusa de hacerlo es absorbiéndola en agua y rociándola alrededor de usted o su espacio), colocando una pequeña pila en las cuatro esquinas de su casa o habitación, o rociando algunas ventanas y umbrales.

Mantenga estas piedras sobre usted, a su alrededor o en su hogar/espacio en todo momento y es posible que ni siquiera note las presencias, energías o espíritus negativos que intentan dañarlo, y se encontrará felizmente inconsciente de cualquier intento (y frustrado) de ataque psíquico. Solo recuerde: sus piedras están absorbiendo todos estos golpes, por lo que necesitará limpiarlas de vez en cuando. Esto se puede hacer pasándolos sobre incienso, dejándolos a la luz de la luna o la luz del sol (la luz del sol puede desteñir cristales de colores como la amatista, así que no use esta técnica para tales cristales), enterrándolos en la tierra durante un período de tiempo, o dejarlos fuera en la lluvia (nuevamente, verifique que los cristales que deja en la lluvia o el agua no sean solubles en agua). También puede limpiarlos energéticamente y extraer todas las energías acumuladas dentro de ellos. Vea los capítulos 4 y 8 para más información sobre cómo hacerlo. Estas son solo algunas de las formas en que puede limpiar sus cristales: elija el método que desee utilizar o el que le resulte más adecuado.

También puede colgar espejos de sus ventanas o colocar fragmentos de espejos en su césped para reflejar de regreso cualquier daño intencionado al lugar donde se produjo.

Puede pedirles a sus guías espirituales (ver capítulo 7) que le ayuden a defenderse contra los ataques. Asegúrese de no exigir nada de ellos; pregunte amablemente, como pediría ayuda a un mentor. Recuerde, sus guías espirituales lo están cuidando, están de su lado. Si el ataque es poderoso, es posible que necesite el apoyo adicional. Si tiene a alguien en su vida que también tiene habilidades psíquicas, confíe en él, tal vez pueda ofrecerle alguna energía útil para combatir el ataque. La superficie reflectante de los espejos debe estar orientada hacia afuera, lejos de usted. De esta manera, todas las energías y espíritus negativos pueden reflejarse con éxito y rebotar en los espejos.

Los símbolos y sigilos también son excelentes para la protección. Es posible que haya oído hablar de personas que hablan sobre su herradura de la suerte o sus calzoncillos de la suerte o lo que sea. Es posible que haya oído a la gente decir: "No voy a hacer una tarea tan peligrosa sin mi objeto/símbolo de la suerte". Un símbolo de protección puede ser cualquier cosa. Un pentagrama se usa para la protección de muchas personas que siguen creencias paganas. Esta es la estrella de cinco puntas hacia arriba, rodeada por un círculo. Muchas religiones y culturas tienen importantes sigilos de protección. Encuentre un símbolo o cree el suyo, y dibújelo, córtelo, cóselo o haga un trazo con un dedo, o un cristal o una varita de incienso sobre algo. Para protegerse contra los ataques psíquicos, una buena estrategia es coserlo en la almohada porque ahí es donde descansa su cabeza por la noche y su mente, por supuesto, será el objetivo del ataque psíquico. Una vez que haya encontrado su símbolo psíquico, debe cargarlo con energía. Esto significa que va a querer enfocarse en lo que quiere que logre este sigilo y dirigir esta energía y objetivo hacia el sigilo. Enfoque su energía y su deseo por este sigilo mientras lo sostiene en su mano, lo toca o lo traza una y otra vez con su dedo para transmitir físicamente su energía y deseo sobre él. Incluso puede decir en voz alta lo que quiere del símbolo de protección, cuál es su objetivo o propósito y qué debería estar haciendo. Esta es solo otra forma de manifestar su deseo para que lo proteja energéticamente. Sea específico con su tarea para ello también. Asegúrese de incluir que desea que lo proteja de un ataque psíquico, malos deseos para usted, cualquier energía negativa, espíritus, entidades y personas que deseen hacer daño, y para mantener su mente, cuerpo, alma y energía a salvo y asegurar su bienestar. Por supuesto, puede hacer su propio canto o mantra para hablar con él, pero estas son solo sugerencias para incluir algunas cosas.

Si ya ha sido víctima de un ataque psíquico, el siguiente paso es curarse. Algunas técnicas se mencionaron en los párrafos anteriores, pero analicemos lo que hay que hacer para curarse de un ataque psíquico, ya que los efectos pueden ser bastante devastadores.

Es probable que se sienta bastante infringido después de un ataque psíquico, así que intente conectarse a tierra. La meditación, la introspección, los pensamientos positivos y el apoyo de sus seres queridos serán esenciales en un momento como este. No se permita perder el control. Los ejercicios de respiración junto con la meditación ayudarán mucho a mantener claros los canales psíquicos. No sucumba a la energía oscura que le ha sido enviada. Eso es lo que su atacante querría. Si sabe quién es su atacante (o tiene alguna sospecha al menos), puede visualizarlo rodeado de luz y energía positiva. Enviar esta imagen al universo ayudará a manifestar el cierre de los poderes negativos de esta persona y debilitará su determinación de hacer daño y enviar negatividad. Si cree que su atacante es de naturaleza sobrenatural, esta técnica también se aplica a espíritus dañinos y entidades negativas. Si tiene pesadillas, escríbalas y analícelas, puede hacer que parezcan menos fantásticas y aterradoras, y pueden simbolizar y reflejar conflictos, preocupaciones y problemas en su vida de vigilia que deben resolverse. Si está sintiendo una pérdida de energía o depresión repentina, confíe en alguien e intente encontrar las mejores formas que le ayuden a aumentar su energía. Recuerde: esto es un ataque espiritual, así que enfoque su sanación en su espíritu, energía y bienestar emocional.

Puede sentir ansiedad y tensión. Puede ser difícil reconocerlo cuando está justo ahí, pero puede ser reconfortante saber que estas ansiedades y pánicos no están arraigados en nada racional. Este es un síntoma del ataque psíquico y reconocer los síntomas es la mitad de la batalla. Solo saber que su ansiedad, aunque se siente muy real, no es nada de qué preocuparse, no puede detener el sentimiento, pero esperemos que, en el fondo de su mente, haya un ligero alivio al saber que no está arraigado en nada real, no importa lo desagradable que esto se sentirá mientras lo experimenta.

Dese un tiempo. Si es posible, tómese un descanso de cualquier actividad para curarse y recuperarse. No tiene sentido lidiar con todos los problemas de la vida Y con un ataque psíquico, que es cuando está en su nivel más bajo, al mismo tiempo. ¡Esto incluye tomar un descanso de su práctica psíquica! Considérelo un día de enfermedad espiritual.

Trate de no dejarse atrapar por la mentalidad de víctima. Es tan fácil ir por ese camino, pero una vez más, apúntese a sí mismo. Recuérdese que es fuerte. Encuentre una visualización que funcione para usted donde está repeliendo la energía negativa con su fuerza positiva, inhalando y exhalando. Convertirse en una víctima revolcándose en sus síntomas es jugar con lo que su atacante quiere. Se vuelve más débil y susceptible a sus ataques. Si sus síntomas se ponen serios, no los ignore, por supuesto. Cuídese a sí mismo. Pero no deje que lo ahoguen. Encuentre la fuerza dentro de usted, aproveche la energía infinita del universo, construya y sane. No deje que el miedo lo gobierne.

Superar el miedo es más fácil decirlo que hacerlo, por supuesto. El miedo a los ataques psíquicos, el "mal" o las energías y presencias negativas, sentirse abrumado por sus premoniciones o el temor a una predicción de malas noticias son grandes preocupaciones para la mayoría de los psíquicos emergentes. Parte de lo que debe recordar antes de comenzar a superar el miedo es que su guía espiritual y/o su ángel de la guarda están atentos a usted; ellos están cuidando de usted.

Abordar el miedo a los espíritus negativos y los ataques psíquicos es bastante sencillo: si se encuentra en un camino positivo y no se propone perjudicar maliciosamente a los demás, ni a vivir en la negatividad, la negatividad no será atraída hacia usted. Ahora, esto no significa que deba constantemente ponerse en riesgo y dejar que otros lo pisoteen. Si alguien lo ha perjudicado a usted u otro, puede y debe defenderse y defenderlos. Del mismo modo, no habitar en la negatividad no significa no permitirse tener días malos o pensamientos negativos. Simplemente significa rodearse de personas positivas y solidarias, y no dejar que estos momentos bajos de la vida lo depriman y lo empeoren.

Las razones por las que alguien querría enviar un ataque psíquico a su camino son numerosas. Quizás estén celosos de su éxito o relación, o estén enojados con usted por algo, o le tengan miedo, o estén descubriendo y disfrutando de su lado oscuro, etc. Cualquiera sea la razón, reconocer que ha sido atacado por un ataque psíquico es uno de los primeros pasos para curarse. La confusión que siente en torno a los síntomas de su ataque es la mitad de lo que el atacante quiere que sienta, y eso es lo que hace que estos ataques sean más efectivos. Saber que ha sido atacado les quita este poder, y ahora puede hacerse cargo. Ahora, usted está en control.

Sin embargo, el ataque psíquico no es lo único que debe preocupar a los psíquicos. Esto no es para tratar de disuadirlo o alejarlo de seguir el camino psíquico, sino simplemente para hacerlo más consciente de todos los posibles problemas, temores y peligros que pueden surgir en el camino a medida que recorre este trayecto. Es mejor ser consciente de lo que pueda surgir y cómo lidiar con estas cosas, en lugar de estar felizmente en la ignorancia hasta que tenga un encuentro o experiencia negativa, enloquecer y desilusionarse por completo con el camino psíquico.

El miedo de ser abrumado por su don y de ser bombardeado por constantes mensajes psíquicos y premoniciones es común. Los principiantes son particularmente susceptibles a esto, ya que aún no saben cómo controlar su don. Trate de pedirle ayuda al universo con esto. Enfoque su mente y establezca claramente (en su mente) que no desea recibir premoniciones y conocimiento psíquico constantemente. Practique encender y apagar su don con energía, abrirlo y cerrarlo. Cuando quiera comenzar a leer, enfoque su mente y pida que el conocimiento del universo fluya nuevamente. Cierre los ojos, despeje su mente y conecte su energía antes y después de usar sus habilidades. La clave es permanecer relajado y abierto cuando esté listo para recibir de nuevo conocimientos psíquicos, premoniciones y mensajes, y luego permitir que toda la conversación y la distracción en su cerebro vuelvan a aparecer cuando esté listo para apagar su don. Cuanta más experiencia y poder gane, más control tendrá sobre sus habilidades. Solo requiere tiempo.

Algo de lo que muchas personas se olvidan es que las lecturas psíquicas pueden traer malas noticias tanto como buenas. Esto es preocupante para algunos psíquicos que lo encuentran inútil si no hay manera de evitar que esta premonición se haga realidad, o que simplemente no saben cómo hacerlo, y odian decirle a la persona por la que están haciendo una lectura de este inevitable y dañino evento que probablemente les ocurrirá a ellos o a un ser querido, o se manifestará de alguna manera en su vida. Si nunca desea recibir mensajes, predicciones o premoniciones de cosas malas por venir, especialmente si son completamente imprevisibles, puede solicitar que se apaguen. Ya sea mientras medita y se comunica con guías espirituales o cuando enfoca su energía y pide claramente al universo, puede trabajar para cerrar estos canales. Sin embargo, considere antes de hacer esto que tal vez estos mensajes le estén pasando por una razón. Digamos, por ejemplo, que es bastante adepto a predecir muertes que van a ocurrir en un futuro cercano. Tiene la sensación de que alguien morirá pronto. Tal vez tenga una idea de quién o tal vez no (lo cual es aún peor porque entonces realmente no puede hacer nada o incluso advertir a la persona o a sus seres queridos). Ve este poder como inútil, pero quizás la razón por la que lo tiene es que actúa como un puente entre nuestro mundo y el plano espiritual, nuestro mundo y dondequiera que los muertos puedan ir en su viaje. Usted puede ser un gran consuelo para los muertos, ayudándolos en su camino para cruzar hacia la próxima vida. Esto es solo hipotético, pero, sin embargo, su don puede manifestarse, puede tener algún significado o propósito para hacerlo, o para mostrarle/decirle tales cosas. Si esta es una responsabilidad que quiere o no es otra cosa, y recuerde que no está obligado de ninguna manera a asumir ningún tipo de función o camino espiritual.

Ahora sabe un poco sobre los peligros, miedos y obstáculos del trabajo psíquico y algunos consejos y trucos para ayudarle a combatirlos y empoderarse. Con suerte, nada de esto lo ha disuadido de continuar en su camino hacia el poder y la capacidad psíquica. Su potencial para un gran poder está allí, y mientras practica, verá cómo aumenta su confianza y su capacidad para combatir estos miedos, ansiedades y ataques psíquicos de otros. Eventualmente, las personas ni siquiera pensarán en enviar fuerzas negativas o energías a su camino. Manténgase al día con su práctica y siga estas técnicas de protección, y recuerde que el miedo extraño o la fuerza negativa que se filtra en su vida es natural y solo una parte del camino psíquico que tendrá que superar. Solo debe tener confianza en sus habilidades y creer en sí mismo.

Capítulo 4: Sanación clarividente

Si ha decidido despertar y fortalecer sus habilidades psíquicas, probablemente esté en sintonía con su lado compasivo. Si es como la mayoría de los psíquicos y quiere usar su don para ayudar a las personas, puede usar la sanación clarividente, también conocida como sanación psíquica, además de darles lecturas psíquicas. Las personas que desean convertirse en psíquicos o tienen una predisposición natural a la habilidad psíquica son personas compasivas y empáticas por naturaleza, por lo que no es de extrañar que muchos de ellos decidan convertirse en curanderos y ayudar a otros. Esto puede ser algo que desee seguir, o tal vez no, pero de cualquier manera, este capítulo cubrirá los conceptos básicos de la curación psíquica para que pueda comenzar a ayudar a los demás.

Lo que está haciendo cuando está sanando a alguien usando su poder psíquico es enviarles a ellos y a sus cuerpos sus energías curativas. Básicamente, está equilibrando y armonizando las energías de su cuerpo y eliminando los bloqueos para disipar los dolores físicos. Es un sistema de trabajo de energía en el que está enviando energía curativa específica a la persona que la necesita. La clarividencia entra en juego porque las premoniciones clarividentes a menudo ayudan a los psíquicos al mostrarles imágenes del problema que pueden ayudarles a llegar a la solución de cómo curarlos. Los curanderos psíquicos también enviarán a alguien imágenes de curación clarividentes para mostrar a sus "pacientes" tan sanos, felices y mental, física y espiritualmente bien.

Para comenzar a curar a alguien, puede ser útil meditar. Incluso puede ser visitado por la guía espiritual de esa persona (consulte el capítulo 7), que le brinda consejos sobre cuál es el problema y cómo manejarlo. Ya sea que haya recibido una premonición clarividente, o le hayan dicho ellos o su guía espiritual para lo que necesitan una curación específica, concéntrese en su sujeto. Es mejor si la persona que está curando está en la habitación con usted, especialmente cuando está comenzando este viaje de curación. Despeje su mente de cualquier cosa, excepto de lo que está tratando de curar. Con cada inhalación, está extrayendo la insalubridad del cuerpo de esa persona, con cada exhalación, la está liberando en el universo para transformarla en algo positivo. Aproveche la energía universal como una fuente de energía para ayudar a sanar a esta persona, ya que este puede ser un proceso muy agotador de energía si trabaja sin ayuda. Visualice imágenes de salud. Imagine que son la imagen de una salud perfecta, desde la cabeza hasta los dedos de los pies. Comience desde la cabeza, imaginándolos sonriendo y relajados, respirando naturalmente, con un brillo que irradia de ellos. Avance lentamente por el cuerpo representando cada parte del cuerpo en perfectas condiciones de trabajo, incluso si esa parte ya está saludable. El cuerpo debe funcionar como un todo: brazos fuertes, palpitaciones firmes, piel suave y piernas firmes que pueden llevarlos tan lejos como sea necesario en la vida. Siga imaginando cada parte hasta los pies. Imagine el área que los está molestando como una mancha oscura en su cuerpo. Disuélvalo con su energía, observe cómo se disuelve y desaparece con luz pura, dejando un resplandor blanco radiante detrás. Luego, libere y envíe esta imagen de salud a través de la energía y la clarividencia a la persona que está curando. Es posible que no puedan verlos conscientemente, pero la energía y el enfoque que ponen en ellos de salud se fusionarán con su energía y su mente, mostrando a su subconsciente hacia lo que están trabajando. Esto se mostrará a sí mismo como usted también lo ha enviado al universo.

Se ha teorizado que las dolencias físicas pueden atribuirse a la agitación mental. Por supuesto, si un factor externo tiene participación en las cosas, entonces este no sería el caso. Por ejemplo, una pierna rota no se debe a la depresión; se debe a que su sujeto tropezó o se cayó y el hueso se rompió. Las náuseas de 24 horas directamente después de comer en un restaurante de dos estrellas probablemente no se deban a una batalla interna con el estrés por una decisión de trabajo; lo más probable es que se trate de una intoxicación por alimentos y no ocurra nada más profundo en estos casos. Sin embargo, con cosas como los dolores de cabeza, la rigidez articular, el dolor muscular, los problemas intestinales, las náuseas frecuentes, etc., siempre vale la pena examinar el estado mental de una persona. ¿Hay mucha emoción reprimida acumulada? ¿Depresión? ¿Preocupaciones y ansiedades? ¿Estrés debido a problemas cotidianos o grandes decisiones y eventos que se avecinan en la vida de una persona? Todos estos pueden mostrarse en formas físicas como dolencias persistentes en el cuerpo que simplemente no desaparecen. Por lo general, un cierto punto de dolor físico es indicativo de bloqueo de energía. Entonces, recuerde que cuando está sanando, no solo está sanando el cuerpo; también está sanando la mente. Siempre vale la pena considerar el estado mental.

No hay ninguna persona viva que no haya sufrido nada y no tenga problemas emocionales que causen obstáculos en su vida. Cada persona ha pasado por momentos difíciles, aunque algunos más que otros, pero no invalida los efectos duraderos que puede tener en la mente. Cuando realice la curación mental, tenga en cuenta que todos han pasado por diferentes cosas y están lidiando con cosas diferentes en su vida actual, así que no trate a todas las sesiones de curación de la misma manera, como no curaría un dolor de cabeza de la misma manera que a una irritación en el estómago. Pídale a la persona que está curando que mire en su mente. ¿Cuál es o ha sido su estado mental recientemente? Si no quieren decírselo, entonces está bien, solo permítales que lo reconozcan y sean conscientes de todo lo que surja y sientan su energía. A medida que esto ocurre, puede comenzar a percibir un cambio en la energía. El trabajo del curandero psíquico es curar aquellas dolencias físicas que tienen un origen emocional o mental. Enfoque sus mensajes de imágenes clarividentes en lo que la persona está sintiendo ahora. ¿Sintió tristeza o depresión? Envíeles visualizaciones de ellos felices y rodeados por un cálido resplandor, tal vez corriendo por un campo de flores amarillas. ¿Se dio cuenta de la ansiedad o las preocupaciones? Imagínelos completamente en paz, ojos cerrados, cara y cuerpo relajados, respirando en calma. Tal vez estén en una cabaña de montaña con una taza de té, nada más que naturaleza a su alrededor. ¿Tensión y estrés? Imagínelos pasando por su agitada rutina diaria con un poco de facilidad, el caos de sus deberes no los está suprimiendo. Se ríen y sonríen y casi se deslizan o flotan a medida que pasan el día, ligeros como el aire. Estas imágenes clarividentes ayudarán a su subconsciente a liberar y soltar las tensiones que las han agobiado y, por lo tanto, ayudarán con los síntomas físicos que estén experimentando.

Cuando haya terminado una sesión de curación, pregúntele a la persona que curó cómo se sintió después. ¿Se sentían relajados? ¿Les vino una paz mental? ¿Alguna sensación corporal? ¿Surgió alguna emoción para ellos? ¿Qué hay de los niveles de energía? ¿Sienten que tienen más energía, menos energía o igual? Obtenga comentarios de esta persona y haga un seguimiento unos días después de la sesión para ver si se han producido mejoras o si se han mantenido. Si estaba tratando una dolencia física específica, pregunte cómo se sintió inmediatamente después de la sesión y luego haga un seguimiento unos días más tarde para ver si su curación tuvo algún efecto en ella, si hubo alguna mejoría y si duró. Recuerde, puede que no tenga un gran efecto de inmediato. Y si alguien mejora, pero no tiene duración, recuerde que puede llevar algunas sesiones; por lo general, no se puede hacer en una sola.

Cuando esté sanando psíquicamente a alguien, tenga en cuenta que puede llevar varias sesiones, especialmente si es algo más serio. Sin embargo, como principiante, es mejor si trabaja con enfermedades menos graves para practicar. También debe tener en cuenta que la persona a la que está curando debe querer ser sanada para que su energía tenga un efecto. Incluso pueden decir que quieren ser curados, pero en el fondo, no quieren serlo, o son escépticos. Si ese es el caso, entonces serán una lucha para sanar, y puede que no tenga ningún efecto. Solo asegúrese de no acusar a sus primeros "pacientes" de no querer ser curados porque esto puede deberse a su estado de principiante y poderes inexpertos en lugar de a su incredulidad o falta de voluntad subconsciente.

También puede curar a alguien que no está cerca de usted. De hecho, podrían estar bastante lejos. Esto es descrito por muchos como rezar. Lo que está haciendo es lo mismo que si la persona estuviera en la habitación con usted; les está enviando energía e imágenes clarividentes para que sanen. Intente curar a distancia una vez que haya practicado y aumente su poder sanando a alguien que se encuentre cerca de usted. Ya que no estarán físicamente con usted y no puede sentir su energía presente, tendrá que visualizarlos más vívidamente y con más fuerza. Imagine cada detalle de ellos, y realmente ponga mucha profundidad, detalle y enfoque en la imagen de ellos como sanos y curados. La visualización es la clave para la curación a distancia, ya que no tiene la energía para trabajar. Incluso puede decir lo que quiera para ellos en voz alta. La energía de sus palabras se liberará en el universo y se solidificará, manifestando estos resultados de salud para su amigo o persona a quien está tratando de curar. Recuerde: cuando se trata de sanación psíquica, si solo depende de sus propias reservas de energía, se agotará rápidamente. Aproveche la energía del universo; será una fuente de ayuda inestimable durante su sesión de curación.

Si quiere un sujeto de prueba que no exija resultados y no se queje o sea escéptico, pruebe con su mascota. Tal vez no necesiten sanación, pero intente sentir su energía y, a través de la meditación, concéntrese en su mascota y específicamente en la salud de su mascota y vea si aparecen mensajes clarividentes. De lo contrario, sigue siendo una buena forma de practicar la sensación de la energía y el estado emocional de otra persona, ya que los animales sienten las cosas como nosotros.

Con suerte, este capítulo lo ha despertado y le ha abierto los ojos a la fuente de los problemas físicos de muchas personas. Si quiere convertirse en un curandero clarividente o no, no tiene importancia. No todos los psíquicos eligen este camino, aunque pueden incursionar en él. Y elegir este camino no significa renunciar a todos los demás aspectos de la capacidad psíquica. Es solo una habilidad que un psíquico puede desarrollar. Si esto le interesa, practique, practique y practique, y no olvide obtener el permiso de un amigo, compañero o familiar para practicar su sanación con ellos. Probablemente sea mejor practicar con alguien que tenga algún tipo de dolencia física. ¡Feliz sanación!

Una última nota para este capítulo: es extremadamente importante que se dé cuenta de que la curación psíquica no es una cura. Usted NO PUEDE hacer diagnósticos a través de la curación psíquica clarividente. ¡Deje el diagnóstico de pacientes a los profesionales! Es altamente improbable que la curación psíquica cure las dolencias físicas por completo o que se pueda sustituir por medicamentos para enfermedades o dolores, o medicamentos y terapia para alguien con un trastorno mental. Puede aliviar los síntomas, llegar a la raíz de los problemas, hacer que la energía fluya y vuelva a equilibrarse, y elevar la frecuencia energética de alguien, pero no debe usarse en lugar de la medicina moderna o como un reemplazo de esta. Más bien, debe usarse junto con ella y ser un trabajo conjunto.

Capítulo 5: Telepatía

¿Alguna vez ha visto una película donde dos personas se comunican solo con sus mentes o donde alguien lee los pensamientos de otra persona para obtener información? ¿Alguna vez ha deseado poder hacer eso? La telepatía (del griego "tele" que significa "lejos" y "patheia" que significa "ser afectado por") es la comunicación entre mentes, pero como todos los aspectos de la capacidad psíquica, no es exactamente cómo se describe en las películas. Sin embargo, es posible practicar la telepatía en la vida real; es simplemente más sutil. Puede que incluso lo haya hecho sin querer, por ejemplo, si alguna vez ha pensado en alguien o realmente deseado saber de ella, y poco después esa persona lo llama o le envía un mensaje de texto de la nada y de forma imprevista. Esta es una forma de comunicación telepática. Las dos mentes se estaban comunicando sin saberlo, lo que hizo que la persona que lo llamó tomara la decisión de llamar, o tal vez su decisión de llamar sea lo que la trajo a su mente y le hizo pensar en ella. No es casualidad cuando suceden cosas como esta. Siempre hay canales psíquicos operando en situaciones como estas, y como las premoniciones psíquicas, todos tienen la capacidad de usar la telepatía; es solo un área en nuestra mente que debe ejercitarse, pero que la mayoría de nosotros ignoramos o no creemos por la forma en que nos criaron, la sociedad o la religión en la crecimos, etc. A aquellos que han sido educados alentados a expandir la mente y desarrollar habilidades psíquicas y telepáticas les será más fácil con esto, pero eso no significa que aquellos que no lo fueron no puedan tener éxito.

Cuando usa la telepatía, puede que no sea posible mantener una conversación completa con su mejor amigo usando solo su mente, pero puede transmitir imágenes, palabras o sentimientos entre sí. Para comenzar, avísele a su amigo que quiere intentar comunicarse con él/ella telepáticamente. Esto es importante, especialmente cuando está empezando porque ambos necesitarán estar en un estado relajado, enfocado y receptivo. Puede intentar meditar o respirar profundamente antes de prepararse para que su cuerpo y su mente estén relajados. No tienen que estar en la misma habitación o espacio que usted; pueden estar en su casa o incluso en otra ciudad. Cierre los ojos e intente desconectar cualquier ruido de fondo o distracciones, y enfoque sus pensamientos en su amigo. Visualícelos claramente en su tercer ojo: su esencia, su presencia, los detalles de sus características físicas. Una vez que haya consolidado esta visualización de ellos como si estuvieran cerca de usted, visualice la palabra, la imagen o el sentimiento que desea enviarles. Solidifíquelo, hágalo vivo en su tercer ojo. Haga que su mente sea el único enfoque. Ahora visualice a su amigo y visualice la comunicación de esta imagen a su amigo. Imagínelos recibiendo su mensaje. Deben tener su mente abierta y receptiva a su mensaje en este punto, y deben estar visualizándolo a usted en su tercer ojo. Una vez que haya hecho esto, relájese y deje que su mensaje se desplace a la otra persona. Deje que se aleje de su mente. En este momento, puede relajar su energía y concentración. Cuando el ejercicio esté completo, haga un seguimiento con ellos y pregúnteles qué pensaron o vieron en su mente. Asegúrese de aclarar que no deben forzar ningún mensaje; solo deben dejar que su mente fluya a donde sea y hacer un seguimiento de lo que pueda surgir.

No se desanime si no funciona de inmediato. Llevará práctica y posiblemente muchos intentos. Esta es solo una forma de comenzar a practicar, pero no importa cómo practique o con quién practique, permanezca relajado (tanto física como mentalmente) y mantenga su mente abierta y receptiva para enviar y recibir mensajes.

Es importante estar en un ambiente que sea totalmente cómodo, familiar y relajante para usted, para evitar el riesgo de distracción o de que su atención se vea interrumpida por ruidos extraños, personas, olores, etc. Cuando recién comienza su viaje de telepatía, y acaba de comenzar a practicar, el mejor lugar para empezar es en su propia casa, tal vez su habitación o una habitación que encuentre especialmente relajante. Si su casa es agitada y caótica o simplemente no puede sentirse relajado allí, pruebe en su patio o en un parque tranquilo en un entorno natural. La naturaleza puede ayudarlo a conectarse con la tierra y energizar sus poderes. Mientras sea un lugar en el que pueda desconectarse de manera efectiva, debería funcionar.

El otro aspecto comúnmente conocido de la telepatía es leer las mentes de los demás. La telepatía es más difícil de practicar con extraños, así que, una vez más, practique primero con alguien con quien esté cerca: un amigo, familiar o compañero dispuesto. Cuando intente leer su mente, asegúrese de pedir permiso. La lectura de la mente no le revelará detalladamente lo que están pensando, pero le dará una idea vaga, un sentido, o tal vez una palabra o imagen relacionada con lo que están pensando. De nuevo, al igual que con la comunicación telepática, desea estar en un entorno que lo relaje. Cierre los ojos, sintonice todo y concentre su energía en la persona cuya mente está tratando de leer. Haga que la otra persona se imagine algo simple como un plátano, y realmente se centre en ello. Obviamente, no pueden decirle lo que están pensando. Una vez que confirmen que han consolidado su imagen, visualícela, intente conectarse con su energía y deje que su mente fluya. No necesariamente tienen que conectarse con usted o estar en el mismo nivel de energía para esta práctica porque, a diferencia de si compartieran su imagen con usted a través de la comunicación telepática, la lectura de la mente es más en sentido único/trabajo individual. Tome nota de todas las cosas que fluyeron con facilidad, no de forma forzada, a través de su mente y consulte con ellos para ver si está en lo cierto. Digamos, por ejemplo, que vio el color amarillo, o que olía a pan de plátano, o se sentía asqueado (tal vez odian los plátanos). No se desanime si no obtiene nada las primeras veces que intenta esto.

Una forma adicional de practicar con alguien que conozca es prepararse adecuadamente, pero luego hacer una pregunta en voz alta. Dígales que no la contesten, sino que piensen y procesen cómo se sienten y qué responderían. No puede ser una pregunta que sepa o de la que sospeche la respuesta. Inmediatamente después de que lo pregunte, es probable que tengan una reacción y/o pensamiento inmediato, por lo que, suponiendo que esté relajado y su mente esté receptiva, vea lo que entra en su mente inmediatamente después de hacer la pregunta. Verifique con ellos para ver si captó con precisión algo.

Una vez que haya progresado a partir de estos ejercicios y piense que está listo para un desafío, intente leer la próxima vez que esté en el transporte público o en una multitud en algún lugar. Haga esto tan discretamente como pueda. Si siente que la energía de alguien realmente lo está bloqueando y no quiere dejar entrar a nadie, estos quieren su privacidad. Déjelos en paz y pruebe con alguien que sea más receptivo. Algo de lo que los lectores de la mente se dan cuenta al leer las mentes son de las emociones de las personas. Probablemente la forma más fácil de acceder es mediante el uso de la telepatía, y es probable que haya leído telepáticamente las emociones de las personas antes sin siquiera saberlo. Es importante distinguir el lenguaje corporal y las señales faciales que le brindan información sobre alguien y la telepatía que brinda esa información. Para mantenerse imparcial y asegurarse de que la telepatía sea su única fuente de información, trate de concentrarse en la energía de alguien en lugar de mirarla/su apariencia. Puede concentrarse en alguien, tratar de captar algo de ellos y sentir una oleada de preocupación que lo invade. Incluso puede descubrir la razón por la que están preocupados, aunque quizás en un sentido vago, y puede que se necesite más experiencia para concretar esto.

En cierto modo, la lectura de la mente es similar a la psicometría, que tratamos en el capítulo 2. Usted está tratando de aprender cosas de una persona: pensamientos, emociones, imágenes, etc. Excepto que puede obtener una lectura de ellos sin realmente tocarlos, lo que sería especialmente extraño al practicar con una multitud de desconocidos en público.

Lo que es importante recordar con la telepatía es que la paciencia es clave. No se va a hacer instantáneamente de la noche a la mañana; de hecho, puede llevar bastante tiempo antes de que efectivamente lo domine, así que no sea duro consigo mismo si no encuentra que tiene éxito de inmediato. También puede sentirse agotado energéticamente después de una sesión. No extienda su práctica por mucho tiempo, ya que la telepatía realmente funciona en su cerebro y puede agotarlo. Si no se está enviando un mensaje, solo tiene que intentarlo de nuevo otro día. No agoten su poder mental. Y recuerde: cuando practique comunicación telepática o lectura mental, no mire directamente a la cara de esa persona (si es posible), ya que los rasgos y movimientos faciales pueden nublar su juicio, enfoque mental y forzar la lectura o interpretación. Trate de hacerlo lo mejor posible usando solo su mente, así que, si lo hace bien, puede estar seguro de que fue telepatía, y no hubo sesgos involucrados.

Capítulo 6: Meditación Guiada

Como se mencionó en los capítulos anteriores, la meditación es una herramienta invaluable para prepararse a usar o mejorar sus habilidades psíquicas y para ayudar a practicar y desarrollar su don. Lo que hace es despejar la mente y relajar el cuerpo, poniéndolo en un estado de calma que hace que sea más fácil concentrarse en sus habilidades espirituales y en la tarea que se ha propuesto para usted. Puede meditar incluso si no planea usar su poder o practicar, también puede ser una rutina diaria o un hábito que despeja la mente de las preocupaciones y mejora su calidad de vida. Cualquiera que sea la razón, echemos un vistazo a algunos de los métodos más efectivos de meditación y sus usos en los siguientes párrafos, y luego nos adentraremos en el tema de la meditación guiada.

La meditación es una manera de calmar y despejar su mente de la distracción, el desorden y el parloteo. Se ha utilizado durante miles de años, pero ahora más que nunca es importante. Como nuestra capacidad de atención es más corta y somos bombardeados por información, actividad, luz y color en cada giro y desde cada ángulo, es importante que nuestros cerebros reciban un momento de completa calma y relajación, ahogando el ruido y el caos en nuestras vidas.

Para comenzar la meditación, usted, por supuesto, necesita prepararse para estar cómodo y tranquilo. Esto significa usar ropa cómoda que no se contraiga y encontrar un espacio que sea tranquilo, pacífico y relajante para usted. Puede tocar música de meditación si lo desea, hay muchas opciones en línea y puede encender incienso si cree que le ayudaría. Decida durante cuánto tiempo desea meditar (por lo general, se recomienda una sesión más corta de 15 a 20 minutos para principiantes) y acomódese. Céntrese en sus respiraciones, hacia dentro y hacia fuera. No piense en su respiración ni trate de analizarla; solo deje que su enfoque se aquiete con ella, y nada más. Si algún pensamiento revolotea en su mente, reconózcalo, pero luego déjelo ir. No se quede atascado en ninguna preocupación o plan; simplemente vea el pensamiento, compréndalo y luego déjelo ir, al menos mientras medita. El truco es mantener su mente clara y tranquila sin distracciones mundanas. Es inevitable que su mente divague, especialmente como principiante, pero esto no es un problema, solo asegúrese de dejar ir cada pensamiento y volver a concentrarse en su respiración. Si le ayuda, puede tener un canto o un mantra en su cabeza para ayudarlo a enfocarse en una cosa y acabar con las distracciones mundanas. Repetir una palabra, un mantra o una imagen mental de algo tranquilo lo ayudará a entrar en un estado de trance y llegar al estado deseado de meditación. Si decide enfocarse en una imagen, elija algo simple, algo que lo haga sentir tranquilo y sin emociones. Esto también podría ser una técnica de visualización. Asegúrese de que la posición en la que se encuentre también sea cómoda durante la duración de su meditación, ya que no querrá tener un calambre ni que un miembro se quede dormido. Esta es una guía básica para principiantes para la meditación, en general, para darle algunas bases. Ahora, entraremos en una meditación guiada, cómo hacerla y por qué es beneficiosa.

La meditación guiada específicamente es una de las ramas más recientes de la meditación. Es más o menos explícita. Como el nombre indica, hay alguna forma de guía a lo largo de su meditación. Puede ser una persona en la sala con usted capacitada para guiarlo a través de su experiencia, o una grabación de audio o video, o puede ser un texto escrito. Cualquiera que sea la forma que use, el propósito es seguir las instrucciones y preguntas durante su meditación de manera reflexiva para revelarle algo de conocimiento y elevar su energía. A menudo, se escucha música tranquila y serena de fondo para ayudarlo a entrar en la meditación. Por lo general, la guía usará imágenes detalladas para la mayoría de ellas, y algunas de ellas las decidirá usted. Si alguna vez ha escuchado a alguien decir: "¡Voy a mi lugar feliz!" Y cierra los ojos ante una situación estresante, es probable que hayan creado este lugar feliz en su mente durante una meditación guiada. Un ejemplo de algo que podría escuchar de una meditación guiada es: "Estás en un prado ancho. Mira alrededor. ¿De qué color son las flores? ¿Hay un bosque cerca?" Estos no solo sirven para crear escapadas pacíficas y un refugio de los momentos estresantes de la vida, sino que también se analizan sus elecciones al final de la meditación guiada para revelar algo sobre quién es usted como persona, qué decisión debe hacer sobre algo o comprender su estado emocional actual. Otro aspecto que podría usarse en una meditación guiada es enfocarse en el cuerpo. Es posible que la guía le indique que se centre en las diferentes partes del cuerpo y verifique si están relajadas o no, cómo se sienten y cómo relajarlas si aún no lo están. Pueden preguntarle qué sensaciones siente en su cuerpo y en ubicaciones específicas. Esto ayuda a relajar el yo físico, una parte de la meditación que también es importante. Las meditaciones guiadas pueden ser tan relajantes que, ocasionalmente, las personas pueden quedarse dormidas durante la experiencia. Si desea permanecer despierto durante toda la meditación, intente apoyarse contra algo cómodo en lugar de recostarse sobre su espalda, o si está viendo un video o escuchando una meditación de audio, intente ver las imágenes que usa el video o una presentación de la naturaleza en línea para ver conjuntamente. Solo asegúrese de que no lo distraiga de su enfoque meditativo.

Su subconsciente está a la vanguardia durante estas meditaciones. Es por eso que las elecciones que realiza mientras se encuentra en este estado profundamente relajado se pueden analizar e interpretar para revelar información importante. La guía las ha creado para este fin. Cuanto más avanza en la meditación, más se adentra en este mundo relajado y más seguro se siente. Su mente es abierta y vulnerable en este estado, exactamente como necesita que esté para el trabajo psíquico.

Hay muchas meditaciones guiadas gratuitas en internet; no tiene que ver a un especialista ni abandonar la comodidad de su hogar. A menudo tienen audio con un montaje de paisajes llamativos y fotos de la naturaleza. Puede ver la presentación de diapositivas, o puede recostarse y simplemente escuchar. Muchas personas optan por escuchar y seguir meditaciones guiadas antes de irse a dormir, afirmando que les ayuda a conciliar el sueño fácilmente y lograr un sueño reparador.

También puede unirse a una clase de meditación guiada o hacer sesiones individuales donde un instructor en vivo que está en la sala con usted lo guíe a través de su meditación. Dependiendo de su personalidad, es posible que prefiera uno de estos métodos sobre el otro, pero si no está seguro, puede probar ambos, guía en vivo o instrucción en línea, y ver de qué manera prefiere o se siente más cómodo y relajante para usted. Después de todo, su relajación es el punto central.

No todas las meditaciones guiadas son iguales. Hay muchas formas diferentes, y son útiles por muchas razones diferentes. Algunas pueden usarse para manifestar diferentes cosas como la abundancia y el éxito. Algunas se usan para mejorar y desarrollar relaciones, mejorar el yo y la curación. Las mejores para buscar cuando se trata de ayudar con la capacidad psíquica y el desarrollo son las que trabajan en la paz y la calma interior. Crear una mente tranquila mejorará su enfoque enormemente.

En esta era de la tecnología, es raro encontrar a alguien con un período de atención más prolongado que aproveche la oportunidad para recostarse y, básicamente, no hacer nada. La mayoría de nosotros nos sentiríamos inquietos o aburridos. Esto no es necesariamente algo malo; no hay un nivel correcto o incorrecto de enfoque. Sin embargo, esta es una herramienta que realmente vale la pena para luchar contra eso. Intente meditaciones cortas al principio y trabaje en aumento. Hágalo antes de acostarse cuando no estuviese haciendo nada de todos modos excepto mirando la pared hasta dormirse. Esta es una herramienta que querrá tener en su colección, especialmente como un psíquico emergente con capacidades florecientes que deben afinarse y centrarse.

Descubrirá que, si utiliza meditaciones guiadas, aunque sea de forma un tanto regular, mejorará enormemente sus capacidades espirituales y su bienestar mental y físico se beneficiará de eso. En el mundo acelerado de hoy, es comprensible que no siempre tenga tiempo, paciencia o capacidad de atención para comprometerse a sentarse o acostarse a una meditación guiada. Sin embargo, si solo hace un esfuerzo y lo aprovecha cuando puede, como antes de ir a la cama, no hará nada más que un bien. Una vez que se convierta en un hábito, se volverá más fácil de incorporar a su rutina y muy pronto llegará a ser tan natural como comer tres comidas al día y lavarse los dientes por la mañana. Se sentirá agradecido y aliviado por su nueva quietud interior, y las conversaciones y murmullos habituales de su mente se volverán más moderados (no se eliminarán, eso no es posible), reduciendo también su nivel de estrés general.

Capítulo 7: Conectando con Guías Espirituales

Uno de los aspectos de la meditación y el trabajo espiritual que hemos tratado han sido los guías espirituales y/o los ángeles de la guarda. Los guías espirituales son otra herramienta invaluable para el psíquico, ya sea porque desee meditar para simplemente conectarse a tierra y reponer su energía, obtener más fuerza para usted antes de comenzar una lectura, o si busca ayuda o protección: estas son todas las razones para intentarlo. Conéctese con sus guías espirituales y pídales consejo y fortaleza. Trátelos siempre con respeto al hacer solicitudes o pedir algo de ellos. No exija cosas de ellos, pero no tenga miedo ni se avergüence de pedir ayuda, ya que no podemos hacer todo solos. Trátelos como si fuesen un amigo o mentor.

Los guías espirituales o los ángeles guardianes, cualquiera que sea el nombre que use, el término es claro, no son deidades que debe adorar; son una presencia espiritual que lo cuida y lo guía. No necesita temer una ira piadosa, ¡están de su lado y desean lo mejor para usted!

Hay algunos tipos diferentes de guía espiritual. Su guía puede tomar la forma de un antepasado o un ser querido que haya fallecido del reino físico, pero que continúa vigilándolo. Si son un antepasado, pueden ser personas que murieron antes de que usted naciera, pero hay ciertos signos que surgen de que un familiar que los conoció le dirá que su presencia está cerca. Por ejemplo, si tenía una abuela que amaba las flores y las flores son una presencia constante en su vida, esto puede ser una señal de que este antepasado lo está cuidando. Los guías ancestrales pueden remontarse muchas generaciones. Es posible que no vea la cara de su ancestro cuando se conecta con ellos, pero sentirá su relación y conexión con usted. También podría ser vigilado por un ser querido que murió durante su vida. Lo más probable es que este sea alguien que murió antes en su vida, ya que los guías espirituales tienden a vigilarlo durante toda su vida, pero también podría ser alguien que falleció luego.

Otro tipo común de guía espiritual son los que vienen en forma de animales. Estos se llaman "guías gnimales". Es probable que a lo largo de su vida lo guíen varios guías animales diferentes, cada uno con algo diferente que mostrarle o enseñarle; no solo tendrá un espíritu animal que le sea asignado. Los guías animales a menudo se consideran simbólicos, o energías que encarnan el espíritu de cualquier animal que los represente. Si ve la visión de una pantera feroz mientras medita, esta guía espiritual puede ofrecerle protección y consejos sobre la asertividad. Si ve a un toro parado tranquilamente en un campo, puede estar ahí para ayudarlo a estabilizarse.

Su guía espiritual puede no ser un antepasado ni mostrarse como una representación simbólica. Puede que solo sea energía pura que a menudo vista como una luz brillante. Esto es a lo que muchas personas se refieren como un ángel. Es probable que sea una entidad energética reconfortante y familiar que lo ha vigilado desde su concepción. Asegúrese de que cualquier entidad con la que se conecte sea verdaderamente su guía espiritual. Si hay algún sentimiento de oscuridad o incomodidad, entonces esa entidad no es su guía espiritual. Su única experiencia con su(s) guía(s) debe ser positiva: así es como lo sabe con seguridad.

Ahora que conoce los conceptos básicos de lo que es una guía espiritual, veamos cómo podemos contactar y comunicarnos con nuestros guías. Esta puede ser la primera vez que interactúa con su guía. ¡Es posible que ni siquiera sepa qué forma tomará su guía todavía!

La meditación es la mejor manera de contactar con su guía espiritual. Hay muchas meditaciones guiadas (consulte el capítulo 6) disponibles en línea para comunicarse con su guía espiritual. Si no está haciendo una meditación guiada, cuando se siente a meditar, enfóquese en el contacto con su guía espiritual. Si se comunica con ellos por una razón, también puede concentrarse en la razón por la que desea comunicarse con ellos, pero al principio, solo enfoque su propósito en encontrarse con su guía espiritual. Despeje su mente y no fuerce nada. Como con todos los aspectos de la espiritualidad, no se sienta frustrado si no funciona de inmediato. Solo siga sentado para meditar con la poderosa intención de contactar con su guía espiritual. Es posible que no se les vea en una visión o como una imagen, pero si mantiene su mente clara y la deja fluir de forma natural, comenzará a sentir su presencia y, con el tiempo, su canal de comunicación con ellos se volverá más fuerte.

Puede ponerse en contacto con su guía espiritual a través de la meditación, pero a veces se mostrarán ante usted sin que se encuentre en un estado meditativo o en busca de ellos, como un cuervo que desciende para pararse directamente en medio del camino en el que caminaba, los ojos fijos en usted, o el olor de su abuela de repente llenando sus fosas nasales por un momento o escuchando una canción que siempre asoció con su tío que falleció. Todos estos podrían ser la presencia de su guía espiritual.

Ciertos momentos, cuando su intuición lo exhorta a hacer o no hacer algo, es tan claro que casi suena como si una voz interior le hablara (similar a la clariaudiencia), este podría ser su ángel guardián, que le da consejos o advertencias en su vida consciente cotidiana. No tiene que hacer nada para experimentar esta comunicación; solo escuche y agradezca el consejo. Es probable que su guía, en el ámbito espiritual, sepa cosas que usted no sabe y tenga sabiduría, por lo que siempre es una buena idea confiar en ellos, pero al final del día, es su decisión. Son guías, no dictadores.

Su(s) guía(s) espiritual(es) pueden visitarlo y presentarse ante usted en forma de un sueño. Si alguna vez ha tenido un sueño particularmente vívido en el que una entidad benigna (ya sea su abuela muerta, un animal o una presencia enérgica) le ha hablado, le ha hecho una señal o le ha llevado a algún lugar, y lo recuerda claramente al día siguiente, o al menos recuerda la esencia de lo que le estaban comunicando y mostrándole, esta fue probablemente la visita de un guía espiritual. Aunque pueda recordar las figuras que encontró y lo que se le comunicó cuando se despierta, es probable que olvide detalles importantes, si no todo su sueño a medida que pasa el día, por lo que es una buena idea llevar un diario de sueños y escribir exactamente lo que soñó con todos los detalles que pueda recordar después de despertarse. Si tiene que salir corriendo para ir al trabajo, puede escribir en el bloc de notas de su teléfono, no tiene por qué ser nada sofisticado. Si desea mantener un registro de encuentros con guías espirituales, sueños simbólicos e importantes, puede copiarlo en un diario de papel cuando tenga la oportunidad. Si desea reunirse con un guía espiritual durante su sueño, concéntrese en una pregunta a la que desee respuesta o la razón por la que desea comunicarse con ellos antes de irse a dormir. Mientras se queda dormido con esto en mente como su enfoque, con suerte, los encontrará en su sueño esa noche. Este es un sistema de sueño lúcido, así que tenga en cuenta que puede tomar algunos intentos para tener este tipo de control sobre sus sueños.

Independientemente de la forma que tome su guía espiritual y para qué sirve, es posible crear una conexión sólida y un canal de comunicación con ellos a través de la práctica. Recuerde: si una entidad que cree que es su guía espiritual lo hace sentir negativamente de alguna manera o está rodeada por cualquier energía oscura o desagradable, esa NO es su guía espiritual, y debe desconectarse de ellas. Sus interacciones con los guías espirituales siempre deben ser positivas: si son algo introspectivas, o si son el espíritu de un ser querido muerto, entonces pueden ser agridulces. Su guía espiritual y/o su ángel guardián solo quieren lo mejor para usted, y pueden ser una gran fuente de apoyo que no debe dudar en utilizar.

Capítulo 8: Auras y Lectura del Aura

¿Qué es exactamente un *aura*? Seguramente ha escuchado el término antes, pero puede que no esté claro de qué es exactamente. Básicamente, cada persona tiene una. De hecho, todos los seres vivos la tienen, pero vamos a centrarnos en nosotros, los humanos. Es el campo de energía alrededor de las personas lo que le da una idea de quiénes son como personas. Las auras se pueden ver como una luz colorida que emana de alguien o la energía percibida por alguien sin tocarlos, lo que puede proporcionarle información sobre la personalidad del individuo. Leer auras puede ser complicado y requiere práctica para dominarlo.

El aura de una persona puede aparecer como un color o múltiples colores alrededor del cuerpo de una persona. Para practicar ver el aura de alguien, puede preguntarle a un amigo si puede pararse frente a un fondo blanco. No tiene que ser todo su cuerpo, solo la cabeza y los hombros están bien si no tiene un fondo lo suficientemente grande. Esta es la mejor manera para que un principiante practique, ya que el fondo neutro hará que los colores que aparecen a su alrededor se vean claramente. Otros colores pueden distraer y causar sesgos, así que pídales que usen la ropa más neutral posible. Trate de no estar en un entorno que crea que lo distraiga o lo haga perder el enfoque. Ahora que ha configurado esto, la forma en que comenzará a ver los colores de su aura es eligiendo un lugar para mirar (algo en o cerca de su amigo que no sea colorido) y desenfocar un poco los ojos para que su visión sea algo borrosa. No se concentre en el lugar que ha elegido, sino en su vista periférica. Siga mirando, puede tardar unos minutos, o puede aparecer de inmediato, pero debe comenzar a ver una especie de luz alrededor de su amigo, como una huella o una forma brillante. Poco después, debería cambiar de ser solo luz a mostrar un color. Esto se considera su aura. Tome nota del color (o colores) que vio, y usted y su amigo podrán ver qué significa ese color, qué dice sobre su amigo y las diferentes interpretaciones de ese color. Recuerde, el simbolismo del color no es universal, pero vea cuál se ajusta más a su amigo, o puede interpretar el color usted mismo. En general, el rojo puede indicar un individuo energético, el azul un buen comunicador, las auras púrpuras son misteriosas, el amarillo podría indicar una calidad cerebral, el verde para la creatividad, el naranja se asocia con la generosidad y las auras rosas muestran una figura cariñosa. Recuerde que estas son solo interpretaciones básicas, generales y comunes. Si siente que algo más es verdad, que así sea. Además, si aparta la vista del sujeto y sigue viendo su estampa delante de usted, como si observara el sol, verá un orbe azul brillante en su visión durante un tiempo, entienda que este NO es el aura de la persona. El aura son solo los colores que vio alrededor de su amigo. Si pasa tiempo en un aula u oficina con muchas paredes en blanco incoloras, puede practicar con sus compañeros de clase/compañeros de trabajo en su vida cotidiana. ¡No deje que lo atrapen mirando fijamente! Puede ser difícil de explicar.

Además de ver el aura de alguien, también es posible sentir el aura de alguien energéticamente. Esto es un poco más fácil que ver el aura, y es probable que haya sentido el aura de alguien en el pasado sin saberlo. Primero, puede practicar la percepción de las auras consigo mismo y con su propia presencia energética. Es fácil, y hay dos formas de hacerlo. La primera forma es frotar las palmas para estimularlas y luego mantenerlas separadas entre sí (con las palmas enfrentadas entre sí). Comience a acercarlas lentamente, notando la energía que siente, los cambios, el aumento de energía a medida que las acerca. La otra forma es similar. Presione sus palmas juntas con algo de fuerza durante 30 segundos a un minuto. Luego sepárelas y vuelva a juntarlas lentamente, de la misma forma que en el primer método. En ambos métodos, note cómo podría sentir la energía de sus palmas a medida que se acercaban, aunque no estuvieran tocándose en absoluto. A continuación, puede intentar leer el aura de otra persona. Pídale a un amigo que se pare o se siente frente a usted. Puede pedirles que cierren los ojos mientras pasa las manos cerca de su cuerpo, pero nunca tocando, o puede cerrar los ojos y hacer que le hagan esto. De cualquier manera, está fusionando auras. Como principiante, debe comenzar con las manos más cerca del cuerpo, pero a medida que desarrolle sus habilidades, inténtelo desde más lejos. Si su amigo está moviendo sus manos hacia su aura, es el mismo principio. Haga que comiencen cerca para que pueda sentirlo realmente, y luego intente desde más lejos. Lo que es más probable que sienta es un hormigueo, pero puede captar los sentimientos y el estado emocional de la persona. Mientras hace esto, vea si su estado de ánimo cambia y qué sensaciones capta. ¿Ha notado un aumento o disminución de la energía? ¿Un cambio de humor repentino o una emoción fuerte? Es probable que esto se esté filtrando desde el aura de la otra persona hacia la suya cuando se combinan. Si solo sintió un cosquilleo o nada en absoluto, está bien. Usted es un principiante, así que no espere resultados completos en el primer intento. Si sintió alguna otra sensación o sentimiento, discútalas con su amigo. Pregúnteles si esto es lo que estaban/están sintiendo y, por lo tanto, si tienen razón al suponer su estado mental. Si lo desea, mantenga un registro de sus experiencias y sesiones de práctica de lectura de aura en su diario.

La lectura del aura, tanto visual como energéticamente, es una habilidad útil para el psíquico porque le ayuda a tener una idea de la persona para la que está haciendo una lectura: cómo es su persona y cuál es su estado emocional y mental actual. Puede darse cuenta de cualquier inquietud o reserva que puedan tener, así como del estado de ánimo en el que están entrando en la lectura. Tener este conocimiento puede ayudarlo a adaptar la lectura al sujeto. Como psíquico, encontrará que no hay dos personas, y por lo tanto no hay dos lecturas, que sean iguales. Es posible que desee utilizar diferentes técnicas, herramientas y formas de explicar las premoniciones a alguien en función de la información que haya obtenido de ellas.

Su aura es su campo de energía. Es un reflejo de sí mismo y de su estado actual de ser. Puede ser pesado y llegar a obstruirse con energías negativas, así que aquí le explicamos cómo limpiarlo y refrescarlo.

Primero, querrá imaginar su aura. No necesariamente necesita ver ningún color o luz en particular en su tercer ojo, solo visualícelo a su alrededor y concéntrese en este conocimiento de que un campo de energía lo rodea. Debe estar relajado y sus ojos deben estar cerrados mientras hace esto. Ahora, piense en las interacciones o pensamientos negativos que pudo haber tenido o podrían haber sido dirigidos hacia usted recientemente. Aferrarse a estas interacciones suele ser una de las principales causas del bloqueo del aura. Déjelas ir. Si tiene que hacerle frente a alguien y disculparse o tener una conversación honesta con él, hágalo. Si no es así, entonces no hay razón para que lo lleve consigo. Imagine que en cada exhalación está dejando de lado un pensamiento negativo, una preocupación o un factor estresante. Cada vez que inhala, está reenergizando y revitalizando su aura, trayendo una sensación renovada a su campo de energía que una vez estaba desordenado, que ahora es un espacio en blanco de nuevo. Obviamente no puede eliminar todo de su aura; de lo contrario, ya no habría esencia de usted mismo en ella. Lo que está tratando de hacer con este ejercicio es liberar todo el desorden negativo que puede acumularse con el tiempo y hacer que se sienta derribado, bajo en energía e incluso deprimido. Haga este ejercicio unas cuantas veces para eliminar realmente todo el estancamiento. Puede encontrar su propia técnica de visualización: lo que sea que funcione mejor y sea más efectivo para usted. Y tratar de tomar un descanso del caos de la vida y la responsabilidad. Pase más tiempo en la naturaleza o en algún lugar que lo haga sentir cómodo y en paz.

Su aura también puede estar estancada porque está en un punto de estancamiento en su vida. Haga un poco de excavación profunda e introspección para ver si puede llegar al fondo de esto. ¿Hay algún aspecto de su vida que no le gusta? ¿Se siente insatisfecho? ¿Es tiempo de cambiar? Ninguna cantidad de respiración profunda va a responder estas preguntas. Si cree que son aplicables a cómo se siente, tendrá que enfrentarlas, sin importar lo difícil que sea. Para su propio bienestar, necesita llegar al fondo de qué aspecto de su vida necesita un ajuste. Si permanece estancado así energéticamente, también obstaculizará sus habilidades psíquicas, haciendo que se sienta demasiado letárgico o con poca energía para practicar su don de manera efectiva. Cuide su aura como cuidaría de su yo físico. Trate los bloqueos de su aura como trataría una enfermedad o un hueso roto.

Capítulo 9: La Mediumnidad

Hasta ahora hemos hablado de lectura psíquica. En este capítulo, hablaremos de lectura médium. Entonces, ¿cuál es la diferencia? Bueno, alguien que hace lecturas psíquicas puede no tener habilidades mediaísticas, que actúan como un recipiente y un puente de comunicación entre el mundo espiritual y el mundo de la vida, pero todos los médiums tienen habilidades psíquicas, ya que esto es lo que utilizan para contactar a los espíritus de los muertos.

La mediumnidad o los médiums pueden ser términos que no ha escuchado antes. Como se mencionó anteriormente, un médium es una persona que es un puente entre los muertos y los vivos. Pueden comunicarse con aquellos que han fallecido y transmitir mensajes a los vivos por ellos. Si alguna vez usó una tabla Ouija, esta es una forma de mediumnidad, ya que está contactando o intentando contactar a los espíritus de los muertos, aunque las tablas Ouija se usan generalmente como una forma de entretenimiento más que nada serio.

Las formas de mediumnidad utilizadas por los médiums practicantes son cuando los espíritus de los muertos hablan a través del médium, y cuando el médium recibe mensajes de forma clarividente (o clarisintiente, clariconsciente, clariaudiente) y transmite el mensaje a los vivos. La mayoría de las veces, una persona viva le pide al médium que intente contactar y crear un canal de comunicación con un ser querido muerto porque los extraña y/o porque hay asuntos pendientes o preguntas sin responder entre ellos y quieren una sensación de cierre. Es probable que el espíritu del difunto amado sienta lo mismo, por lo que estas sesiones pueden ser muy sanadoras.

Si desea convertirse en un médium, un intermediario entre el mundo de los espíritus y los vivos deberá tener un fuerte dominio de los cuatro tipos intuitivos (incluso si prefiere uno más que los otros), ya que los mensajes llegarán, y los percibirá a través de la clarividencia, la clariaudiencia, la clarisintiencia o la clariconsciencia. Esto es algo que debe probar una vez que haya practicado sus habilidades psíquicas por un tiempo y se sienta confiado. Aún puede estar en el camino de un principiante, pero asegúrese de que tiene lo esencial. Si siente que es un médium psíquico natural, alguien que ha sentido la presencia de los espíritus de los muertos desde una edad temprana, es posible que ya tenga una idea de cómo comunicar y usar estos canales espirituales. Sin embargo, esto no es una necesidad para convertirse en un médium.

Si conoce algún médium, o si encuentra que hay un médium practicante local con el que puede contactar, pregúnteles sobre su oficio. ¿Cómo se siente al comunicarse con los espíritus? ¿Cuándo empezaron o cuándo notaron por primera vez que tenían esta capacidad? ¿Cuáles son algunos ejemplos de experiencias mediumnísticas que han tenido? También puede buscar en línea para leer las experiencias de primera mano de los médiums, si no hay ninguno con el que pueda comunicarse donde vive. Solo tenga cuidado de que la persona de la que está aprendiendo no sea un estafador, ya que el mundo de la práctica psíquica está plagado de fraudes que buscan explotar a las personas por dinero.

Para comenzar a practicar el contacto con los espíritus, debe estar en un estado de relajación total. Encuentre un lugar tranquilo, cómodo, sin luces brillantes. Sienta la energía del universo que fluye a través de usted y relaje su mente, dejando que otros pensamientos que le atacan se desvanezcan. Ahora es el momento de llamar a los espíritus. Antes de realizar este próximo paso, asegúrese de haber dominado la protección psíquica contra espíritus y entidades negativas, ya que es posible invitar accidentalmente un espíritu negativo a su hogar (consulte el capítulo 3 para obtener más información). Para ayudar a reducir el riesgo de que un espíritu negativo ingrese a su espacio, piense en un ser querido suyo específico que desee contactar (esto también puede incluir una mascota). De esa manera, su llamada no se extiende a ningún espíritu que esté cerca. Ninguno está invitado, solo el espíritu de su ser querido. Ahora llámelos en voz alta. Llámelos a su espacio y tal vez hágales una pregunta o pregúnteles si tienen algo que comunicar. Llámelos mentalmente también. Invoque una imagen de ellos en su mente, bastante detallada, y mentalmente invítelos a el espacio. Si siente su presencia, hágales una pregunta que haya preparado de antemano. Puede sentirlos de diferentes maneras, ya sea que huela la colonia que solían usar, escuche su risa o una canción que solían cantar, vea su color favorito o una prenda de ropa que usaban en su tercer ojo, o un cambio repentino de emoción donde se siente cálido y lleno de amor. Estos son solo ejemplos para mostrarle que la forma en que los percibe puede no ser la de ver su imagen hablando con usted en su tercer ojo. La forma en que responden a las preguntas puede ser a través de imágenes que deben interpretarse o mediante palabras que ve o escucha en su mente. Si responde una pregunta y obtiene una emoción fuerte inmediatamente después, esta también puede ser una respuesta. O si responden con claridad, entonces sabrá la respuesta. Recuerde no forzar ni inventar su presencia o respuestas. Solo déjelos fluir, y si no se presentan o no responden ninguna pregunta, entonces está bien. Solo siga contactándolos y practicando y manténganse relajado. Si no capta nada, no lo fuerce. Suelte y vuelva a intentarlo otra vez.

También puede intentar practicar como un médium para un amigo, y puede invocar el espíritu de su ser querido, haciéndole al espíritu cualquier pregunta que su amigo pueda tener de ellos. Si realmente quiere desafiarse a sí mismo, no le pregunte a su amigo quién es la persona con la que desea comunicarse. Vaya a ciegas. Pídales solo que tomen una foto y piensen en la persona que desean contactar. Mantenga su mente clara y relajada, y sea abierto y receptivo a cualquier energía y mensaje que pueda recibir. Si las imágenes o los sentimientos comienzan a aparecer, descríbalos a su amigo. Puede ir en línea y buscar videos de psíquicos en acción para ver cómo se hace esto. Por ejemplo, si está sentado allí con la mente vacía y, de repente, aparece una figura de un hombre en su mente, y luego el color rojo, y luego el concepto de la cena de Acción de Gracias y el olor a cigarrillos, usted diría: "Estoy viendo a un hombre, ahora el color rojo, y algo que ver con el Día de Acción de Gracias. También huelo a cigarrillos". Obviamente, no sabrá lo que esto significa, así que pregúntele a su amigo si tiene algún significado para él. Después de todo, cuando actúa como un médium, el mensaje no es para usted sino para la otra persona, con quien está conectado el espíritu del muerto. Si este es un mensaje legítimo, su amigo lo recibirá de inmediato, y si lo desean, pueden decirle lo que significa para ellos. Tal vez el hombre era su tío cuyo color favorito, camisa o automóvil era el rojo, y siempre organizaba un gran Día de Acción de Gracias familiar en su casa, era una tradición familiar anual. Y fumaba, lo que era un recordatorio familiar y reconfortante de su presencia para todos los que lo conocían. Este es un ejemplo de cómo puede progresar una lectura médium. También puede escuchar palabras o frases del difunto que debe transmitir a la persona viva. Dígale todo lo que vea y escuche en su mensaje, incluso si no tiene sentido para usted, ya que puede tener sentido y ser importante para la persona. Si no, entonces siga adelante. Es probable que no lo entienda todo bien, especialmente porque recién está empezando, así que siga diciéndole lo que está sintiendo y asegúrese de no forzar estos mensajes. Asegúrese de que lleguen a usted de forma natural y clara gracias al espíritu con el que ha contactado.

Capítulo 10: Interpretación de los sueños

Hasta ahora, hemos hablado sobre los esfuerzos conscientes que puede hacer para invitar a la predicción psíquica, pero la mitad del tiempo es su mente inconsciente la que está al mando. Los sueños pueden ser una forma para que el universo, sus guías espirituales o incluso su propio subconsciente le revelen mensajes importantes. Cualquiera puede recibir sueños significativos, pero notará que cuanto más sintonice sus habilidades psíquicas y el universo, más recibirá estos mensajes. La interpretación de los sueños se ha practicado durante siglos en todo tipo de sociedades antiguas, y todavía se usa con frecuencia hoy en día.

Entonces, ¿cómo puede saber si su sueño está tratando de contarle algo o si es del todo importante? Bueno, por lo general, algunos elementos se destacan de manera clara y vívida y lo impresionan mientras está en el sueño, y eso recuerda cuando se levanta. Si olvida el sueño, lo más probable es que no sea importante. A veces habrá una figura que le dirá directamente algo que recordará cuando se levante. A menudo, sin embargo, no es tan claro. Puede haber una serie de eventos que suceden o un sentimiento general a lo largo del sueño que puede estar asociado con algún aspecto del sueño, o tal vez haya personas o animales o algo simbólico que vea o con quien interactúe. Todos estos pueden ser interpretados y atribuidos a su vida de vigilia. Recuerde que, si algo en su sueño realmente se destaca, a lo mejor haya algo que saber de él.

Si hay una figura en su sueño que le dice algo, su apariencia puede ser tan simbólica e importante como el mensaje que transmitieron. Si en su sueño lo lleva un ciervo desde la oscuridad de los bosques a un brillante y soleado claro, el mensaje aquí se interpreta fácilmente para indicar que está muy estresado y que necesita tranquilidad (o está a punto de ingresar a un metafórico "ojo de la tormenta" en su vida). Pero el ciervo también tiene importancia. Si fuera guiado por la persona de quien estaba enamorado o por un ave o la mascota de su infancia, todos podrían darle un giro diferente al significado del sueño y cómo lo interpreta. Si su compañero lo guio, esto podría significar que, si continúa moviéndose a través de este cuadro áspero, será recompensado: están juntos en el camino a este refugio. Un ave puede significar ansiedad o inquietud, una necesidad de libertad. Una mascota de la infancia que lo guíe puede hacer que el claro signifique su pasado/su infancia, por la que siente una profunda nostalgia y anhelo en este momento de su vida. La firmeza y el silencio del venado, así como su naturaleza inocente (no depredadora) y su conocimiento instintivo del bosque, pueden indicarle que mantenga la cabeza erguida y la calma, y que llegará allí. Por supuesto, hay muchas maneras de interpretar estas cosas y también depende del otro contexto en el sueño, así como de su vida. Sin embargo, como probablemente habrá notado, hay muchas similitudes entre interpretar sueños e interpretar premoniciones.

Una cosa importante para recordar al interpretar su sueño es tratar de hacerlo sin prejuicios. Esto creará la interpretación más precisa, y la más honesta. También es mejor no usar fuentes externas como diccionarios de sueños o sitios web de sueños de la a-z o libros a menos que esté realmente atascado. Si siente que no está obteniendo la imagen completa, puede describir su sueño a alguien que conozca. Incluso si no tienen interés psíquico o nunca han interpretado un sueño antes, puede que vean la imagen con claridad. Digamos, por ejemplo, que soñó con un oso pescando en el río con sus cachorros. Los cachorros caen al río y son arrastrados, pero la madre no intenta salvarlos. Luego el sueño cambia a los cachorros de vuelta sanos y salvos con la madre oso. Simplemente no puede entenderlo, así que le pregunta a su amigo y le preguntan si se ha sentido distanciado o desconectado de su madre recientemente, o (si es madre) si ha sentido que no ha estado cuidando a sus hijos y se siente insuficiente. De inmediato, esto hace clic para usted y se pregunta por qué no lo vio antes. Siempre acuda a un amigo o familiar para que lo ayude a interpretar si está atascado ANTES de recurrir a un diccionario de sueños, ya que los diccionarios de sueños no conocen todos los detalles de su sueño, a menudo brindan una interpretación vaga de los símbolos de una palabra, y no conocen el contexto de su vida.

La técnica del diario ha sido discutida muchas veces a lo largo de este libro, pero nuevamente, es una buena práctica mantener un diario de sus sueños. Escribir un sueño tan pronto como se despierta le ayuda a recordar y aferrar los detalles que de otra manera se olvidarían poco después de despertarse, e incluso si lo olvida, puede regresar y releerlo y, con suerte, evocará el recuerdo del sueño otra vez. Además de ayudar a recordar, también le permitirá realizar un seguimiento de los patrones que surgen en sus sueños y analizarlos. Si cree que un sueño es importante, escríbalo siempre con todos los detalles que pueda recordar, todo cuenta. Incluso puede agregar un pequeño boceto si no puede poner algo en palabras completamente.

Otra forma de comenzar a analizar su sueño es cuestionarlo. ¿Por qué vi a esa persona en ese contexto? ¿Por qué estuvieron presentes los búfalos a lo largo de mi sueño? ¿Por qué había un sentimiento de inquietud y discordancia a pesar de que mi sueño era pacífico? ¿Cuál fue el escenario de mi sueño? ¿Qué estaba tratando de hacer? ¿Quién era yo en el sueño? ¿Por qué fue tan vivido el pájaro rojo brillante que apareció brevemente? Estos son algunos ejemplos, pero siéntase libre de hacer cualquier pregunta que considere relevante para su sueño.

Un tema común en los sueños que la gente teme es la muerte. Ya sea por la propia o por la muerte de un ser querido, pero no se preocupe, soñar con la muerte no lo está prediciendo. Los sueños rara vez son premoniciones y son más comúnmente reflejos de su estado emocional y metáforas de lo que está sucediendo en su vida y con lo que necesita lidiar. Si sueña con la muerte, esto puede significar un cambio masivo o un renacimiento emocional/espiritual en su futuro inmediato. Tal vez se esté mudando, o esté de viaje, terminando la escuela, experimentando una ruptura, etc. También puede significar que una parte de usted ha muerto simbólicamente y que la transformación interior está en obra. La muerte es a menudo un símbolo de cambio en nuestras vidas. De hecho, en el tarot, los lectores a menudo le dicen al cliente a quién están leyendo que no se tome la carta de la muerte de forma literal. Eche un vistazo de quién o qué está muriendo en su sueño y pregúntese por qué. ¿Por qué se está muriendo esta persona y qué representan o simbolizan como parte de mi vida? ¿Cómo encaja esta muerte en el contexto de mi vida? Incluso si la persona que muere es alguien que conoce, esto puede ser una representación de una parte de usted mismo o de su relación con ellos. También podría indicar más literalmente el temor de perder a esta persona. Hay muchas maneras de interpretar los sueños de muerte, y casi ninguno de ellos significa que alguien literalmente va a morir, así que tranquilícese y haga algo de introspección o prepárese para grandes cambios en el futuro.

Otro tema común de los sueños es ser perseguido, acosado o atacado. A menudo, el soñador se siente como si estuviera tratando de moverse, pero no puede o solo puede moverse en cámara lenta. Puede ser cualquier villano, criatura o animal que lo persiga o ataque, o puede que no sepa qué lo está persiguiendo, pero puede sentirse perseguido a lo largo de su sueño. A menudo, los sueños como este están más cerca de las pesadillas y pueden causar un miedo extremo y ansiedad para la persona dormida, especialmente si sabe que su agresor planea lastimarlo o matarlo (o ya lo están haciendo si el sueño implica que usted sea atacado). Esto puede representar la ansiedad o el miedo que tiene en su vida cotidiana. Puede ser muy literal, como ser atacado por un perro (considerando que le tiene miedo a los perros) o ser perseguido por alguien que le haya causado daño en el pasado. Sin embargo, también puede ser simbólico, como ser perseguido por su jefe por el cual siente intimidación en la vida real y miedo de que lo despedirá pronto. O ser perseguido/atacado por un animal cuyos rasgos representan cosas que teme, por ejemplo, ser perseguido por un búho puede no parecer una situación muy espantosa, pero los búhos son cazadores adeptos y silenciosos, por lo que esto puede representar problemas de comunicación o problemas de relación, o el miedo a estar solo. Trate de mantenerlo en el contexto de su vida, y realmente cuestione y profundice en por qué esa entidad específica lo perseguía y/o atacaba con la intención de hacerle daño. Los sueños de ser atacado específicamente pueden mostrar vulnerabilidad y una sensación de pérdida de control en su vida. Los sueños de búsqueda y ataque pueden no representar fuerzas externas en absoluto y podrían estar demostrando que necesita tomarse un tiempo para la introspección; sus sentimientos pueden ser lo que realmente lo "está atacando" o "persiguiendo", y la confusión interna puede estar en la raíz de estos sueños perturbadores.

Estar desnudo o simplemente en ropa interior/ropa inapropiada es otro tema clásico para soñar. La interpretación más obvia que podemos obtener de esto es un sentimiento de vulnerabilidad, sentirse demasiado expuesto y metafóricamente desnudo. También puede vincularse a una sensación de pérdida de control y ansiedad, o podría indicar la necesidad de ser querido y el temor de que no les agrade a todos, que otros lo juzguen (sea cierto o no). Otra cosa por considerar es si está ocultando algo o tiene algún secreto, este sueño puede reflejar que siente que todos saben. La conclusión es que se sabe que estos sueños indican algún tipo de inseguridad, así que eche un vistazo a lo que está sucediendo en su sueño o quién está en el sueño y lo ve desnudo o no lo está viendo. Es probable que esto sea un reflejo de quién o qué lo hace sentir inseguro en su vida de vigilia. Si no es obvio, simplemente eche un vistazo de inmediato a su vida y piense en áreas en las que está inseguro. Quizás, literalmente, es inseguro acerca de su cuerpo y disfruta de la seguridad de ocultarlo debajo de capas de ropa. Puede haber áreas en las que ni siquiera ha pensado. Estos son lugares en los que necesita trabajar y aumentar su confianza, un mensaje que un sueño de este tipo intentaba transmitirle. Por otro lado, si se siente bien y seguro de estar desnudo o semidesnudo, ¡esta es una buena señal! Es probable que se sienta muy confiado y con poder en su vida en el momento actual y se sienta libre como si nada pudiera detenerlo. Una vez más, un significado literal de este sueño podría ser que usted se sienta muy cómodo y seguro con su cuerpo y no se sienta inseguro con respecto a su apariencia. Puede indicar que está contento consigo mismo como persona y no siente la necesidad de buscar la validación de los demás.

La caída es otro sueño común. Este es otro sueño que puede indicar un sentimiento de pérdida de control y sentirse abrumado en su vida, especialmente si se siente negativo y si tiene miedo y ansiedad cuando cae. Podría ser un miedo al fracaso en cualquier cosa, desde el trabajo, la escuela, las relaciones, o podría ser simplemente un temor a la incapacidad de mantenerse al día con su vida. También puede simbolizar un sentimiento de desilusión con algo, algún aspecto de su vida o alguien en su vida. Pregúntese cómo se sitió cuando estaba cayendo. ¿Hubo alguien más antes/durante/después de su caída? ¿De dónde se cayó? ¿Y qué más estaba pasando en el sueño? Intente responder a estas preguntas e interprete su significado en relación con su vida.

Probablemente ya haya escuchado que la caída de dientes es uno de los sueños más comunes, si no el más común. Casi todos han soñado alguna vez con que se les caen los dientes. Dado que este es un sueño tan común, hay muchas interpretaciones diferentes. Una posible interpretación es que se avecina un gran cambio en la vida.

Para un niño o adolescente soñar con que se les caigan los dientes es un signo de su madurez y su camino hacia la edad adulta. La pérdida de dientes está asociada con la pérdida de algo/alguna parte de su vida. Con el ejemplo de los niños, representaría la pérdida de la infancia. Los sueños de caerse los dientes también pueden representar inseguridad, incapacidad para tomar decisiones o insatisfacción con algún aspecto de su vida que se siente incapaz de cambiar. Si sus dientes se caen con bastante rapidez, es posible que se sienta abrumado por algo en su vida o que simplemente no pueda encontrar una solución a algo. En el lado positivo, la caída de los dientes puede significar que el éxito y la prosperidad son suyos o están llegando a su vida. También puede indicar un cambio de vida positivo o un cambio que está listo para enfrentar directamente o que se producirá con facilidad. La clave para descifrar si un sueño de que sus dientes se caigan o no debe interpretarse de manera positiva o negativa es examinar cómo se sintió durante el sueño. Es probable que no se sienta necesariamente *bien* con la caída de sus dientes, pero si se siente neutral o calmado, esto puede interpretarse de una manera positiva: un cambio positivo para mejor o el éxito en su futuro inmediato. Si se siente asustado y ansioso por que se le caigan los dientes, esto puede representar algo más negativo y puede ser una causa de introspección, así como observar qué aspectos de su vida cotidiana podrían causar estos sentimientos. Tal vez es hora de tomar una decisión difícil o aceptar un cambio de vida no deseado.

Volar es un sueño común con el que muchas personas están encantadas de soñar. ¿Quién no ha deseado poder volar en algún momento de su vida? El mundo de los sueños es el único espacio donde podemos volar sin inhibiciones, sin maquinaria que nos ayude. ¿Así que, qué significa? Bueno, para empezar, los sueños de volar suelen ser positivos, acompañados por sentimientos de felicidad y euforia. Esta puede ser la forma en que su mente alivie algunas de las preocupaciones que pesan sobre su mente, ya que el sueño es su único escape de ellas (aunque ahora sabemos que pueden seguirlo en sus sueños de maneras perturbadoras). Un sueño positivo acerca de volar demuestra que está enfocado en alcanzar los objetivos que tiene en su vida, ya sea que esté cerca de lograrlos o no, el hecho es que confía en sí mismo y cree que puede lograrlos. Un sueño de volar también puede indicar estabilidad emocional y paz mental. Puede ser un reflejo de salir de algo o completar una tarea que le estaba pesando metafóricamente, y ahora es libre. También puede representar la toma de decisiones empoderada. También puede indicar que es posible que deba mirar las cosas desde una perspectiva diferente o que necesite ver una perspectiva más amplia. Si se siente negativo por volar o se pone nervioso y quiere aterrizar y estar en tierra estable nuevamente, esto podría significar que se resiste a permitir grandes cambios en su vida, prefiriendo atenerse a las comodidades, la rutina y los hábitos de su zona de confort. Algo puede sentirse fuera de alineación en su vida, y no le gusta, prefiriendo que todo vuelva a la normalidad. Aunque es difícil controlar sus sueños, trate de relajarse un poco y relájese dentro de su sueño la próxima vez que sueñe que tiene miedo de volar. Disfrute de la emoción y la prisa en lugar de sentirse nervioso, expuesto y fuera de lugar. Esto puede ayudar a manifestar esos sentimientos en su vida de vigilia, en cualquier área en la que necesite relajarse y aceptar algún cambio.

Llegar tarde a algo es un sueño que todos tenemos al menos una vez. Por lo general, este es bastante literal. La persona que sueña está anticipando un gran evento en su vida, trabajo, escuela, una cita, etc., al que no pueden llegar tarde o fallar, y es probable que tengan que levantarse temprano y programar una alarma. Soñar con llegar tarde, quedarse dormido, que su alarma no suene o perder algo por completo generalmente se debe a que se ha preocupado por asegurarse de llegar a tiempo a este evento. A menudo, el sueño se centrará en el evento en sí, y se despertará aliviado de no habérselo perdido. Simbólicamente, un sueño como este puede decirle que hay demasiado en su plato y que posiblemente no pueda mantenerse al día con todo. Le está diciendo que tal vez se lo tome con calma con los compromisos en su vida y quizás asuma menos. Soñar con llegar tarde puede reflejar una sensación de estar abrumado en su vida, por lo general hacer demasiados malabares a la vez y, por lo tanto, crear una sensación de caos. Trate de ver qué compromisos y actividades puede reducir y dónde puede agregar un poco de "tiempo para mí" a su rutina diaria. Es posible que sienta mucha presión y demanda en el trabajo, la escuela o la vida de su hogar. A veces es difícil crear tiempo para usted mismo en la sociedad acelerada de hoy, pero es mejor escuchar a su subconsciente. Si hay algo que se pueda mover o eliminar para crear ese espacio, hágalo. La necesidad de cambio es clara. ¡El hecho de que pueda realizar múltiples tareas no significa que deba! Estos sueños también pueden indicar un problema con la autoridad si, en el sueño, no le importa o no se siente ansioso por llegar tarde a una cita laboral o escolar (o cualquier cosa con una figura de autoridad en su vida) o si llega tarde a propósito.

Soñar con conducir o estar en un auto fuera de control también es un sueño clásico. Este sueño tiene una interpretación bastante obvia. Algún aspecto de su vida está fuera de control. Algo en su vida es una bola de nieve cada vez más rápida y no tiene control sobre lo que está sucediendo, o siente que no tiene control sobre lo que está sucediendo. El automóvil y la carretera suelen representarle a usted y su camino en la vida. Así que algo en el camino de su vida se está apoderando, y no tiene forma de detenerlo. Si no está en el asiento del conductor y no hay nadie más en el automóvil, entonces esto significa que es su responsabilidad que las cosas se hayan descontrolado y es su responsabilidad el volver a encarrilarse. Si alguien más está detrás del volante, tenga cuidado de si esta persona también forma parte de su vida de vigilia. El sueño podría estar advirtiéndole que esta persona es una mala influencia o que está desviando su camino. Podría estar tratando de decirle que esta persona lo está manipulando y que no tiene los mejores intereses en el corazón. Incluso pueden intentar hacerle daño. No deje que esta persona controle su automóvil metafórico y vigílelo en su vida de vigilia. Observe sus interacciones y las acciones de la otra persona hacia usted. Sin embargo, los sueños de autos fuera de control no siempre son malos. Si es un niño que comienza a madurar y entra en la siguiente fase de su vida, entonces sueña que de repente debe ingresar al asiento del conductor e intentar tomar el control de este automóvil fuera de control (este es un sueño común para los niños porque los niños nunca han conducido), y puede simbolizar que usted ingresa al mundo desconocido de la edad adulta, no está seguro de muchas normas y de cómo proceder. Esto es especialmente revelador si, en un momento, los padres del niño estaban en el asiento delantero y luego desaparecen repentinamente y depende del niño dirigir el automóvil. Esto se refleja en su realidad porque ahora les corresponde a ellos hacer muchas de las cosas que confiaron en sus padres para hacer. Tienen más responsabilidades. Cuando sueñe con un auto fuera de control, pregúntese cómo se siente. ¿Quién está o no está en el auto con usted? ¿Está solo? ¿Cuál es el escenario? ¿Y qué estaba pasando antes/después de que el auto perdiera el control? Esto es lo que debe mirar y sostener en comparación con su propia vida.

Un desastre natural es quizás un sueño un poco menos común, pero el mensaje suele ser muy importante. Soñar con un desastre natural no significa que el desastre vaya a ocurrir en su vida de vigilia, así que no se preocupe, no lo tome demasiado literal. El significado más común para un desastre natural (terremoto, tormenta, relámpago, huracán, tornado, volcán, tsunami, etc.) es la represión emocional. Puede ser un símbolo muy general de la represión emocional, o podría ser más específico. Por ejemplo, un sueño de un volcán o un rayo podría representar una ira acumulada, mientras que una inundación o un monzón podría ser tristeza reprimida o incluso depresión no reconocida. Una tormenta violenta y caótica podría simbolizar nuevamente la ira, o una agresión inquieta y/o energía que no tiene salida en su vida cotidiana. Los terremotos pueden estar diciendo lo mismo, y también podrían significar frustración. Otra cosa que soñar con un desastre natural podría significar es un cambio masivo en la vida o una revuelta de algún tipo, generalmente un cambio positivo en la mayoría de los casos.

Esté atento a los cuatro elementos (agua, tierra, fuego y aire) que aparecen en sus sueños. Piense en cómo se muestra el elemento en su sueño, qué se sabe que representa y cómo se siente en su sueño en relación con verlo.

Los sueños de agua suelen tener que ver con la emoción. Un sueño de agua es probable que le diga algo sobre su estado emocional en su realidad presente. ¿Cómo le aparece el agua? ¿Cómo interactúa con ella y cuáles son sus sentimientos hacia ella? Aguas tranquilas y cristalinas significan claridad emocional, tranquilidad y estabilidad. Sin embargo, si el agua es turbia o fangosa, esto significa que hay un aspecto de su vida, muy probablemente enraizado en la emoción, que es indescifrable para usted en este momento, algo con lo que ha estado lidiando durante un tiempo y no puede descifrar. El agua oscura y profunda muestra una emoción muy profunda. Tal vez recientemente se haya enamorado o haya perdido a un ser querido o haya experimentado algún tipo de evento emocional importante en su vida. Estas podrían ser emociones en un nivel subconsciente y de las que usted no es consciente. Si teme al agua en su sueño, es probable que le resulte difícil llegar a un acuerdo con cómo se siente acerca de algo y sus emociones en su vida de vigilia. Soñar con una terrible tormenta o un tsunami puede indicar que su represa metafórica está a punto de estallar. Las emociones que han sido reprimidas están burbujeando. También puede significar que se siente fuera de control sobre una parte de su vida, como si no tuviera conocimiento de los eventos que ocurren. Ver un tsunami en un sueño significa que debe prepararse para las cosas que vendrán en su vida de vigilia. Los sueños de ahogamiento también pueden ser un signo de temor de enfrentar y lidiar con las emociones. Los sueños de agua también pueden mostrar que tenemos una necesidad de limpiarnos a nosotros mismos y a nuestro espíritu. No simbolizaría que su subconsciente literalmente quiere que usted se limpie o se bañe físicamente, pero puede sugerir que es necesaria una limpieza/curación más emocional y espiritual, especialmente si ha lidiado con algún tipo de trauma o crisis emocional recientemente o incluso en el pasado y que esos sentimientos solo se hayan acrecentado. El agua también puede ser un importante símbolo de renacimiento y asumir un nuevo reto o capítulo en su vida. Pueden surgir nuevos comienzos y nuevas posibilidades para usted.

Algunas de las palabras asociadas con el fuego son ira, pasión, amor, agresión, calor, destrucción y energía. Un sueño sobre el fuego puede indicar muchas cosas según el contexto, como el tipo de fuego, cómo se sintió, qué hacía el fuego y cómo se involucró usted. Los sueños de fuego a menudo pueden tener algo que ver con el renacimiento, al igual que el agua. Solo mire lo que hace el fuego en la naturaleza. Sí, puede ser destructivo, pero quema lo viejo para dar paso a un nuevo crecimiento. Un sueño con fuego podría simbolizar el dejar ir las cosas y dejar que usted y su espíritu crezcan y maduren. El símbolo del ave fénix que se levanta de las cenizas es una metáfora perfecta del signo positivo que el elemento de fuego puede significar para usted en un sueño. Si algo en su sueño está siendo consumido por el fuego y se siente molesto por ello, sin embargo, esto puede significar que está siendo consumido por sus emociones (probablemente más negativas) en su vida de vigilia. Examínese a sí mismo por la ira sin control, la obsesión, los celos, la inquietud, etc. Intente encontrar una salida saludable para estas emociones en su vida para que no se acumulen y tengan una influencia negativa en su estado mental, espiritual y emocional. Cuanto más controlado esté el fuego en su sueño, más estables estarán sus emociones y su vida. Cuanto más fuera de control esté el fuego, más puede ser un signo de gran cambio, o una pista para frenar un poco en sus arrebatos emocionales y pasiones. Si no es usted una persona apasionada y que expresa sus emociones de forma abierta, entonces un fuego fuera de control puede interpretarse como un subconsciente que llega al punto de ruptura con las emociones reprimidas, y debe dejarlo salir de alguna manera, pero tenga cuidado. Solo dejarlo libre podría tener efectos negativos en su vida. Piense las cosas y no *haga* ni diga nada de lo que se arrepienta más tarde. Tal vez intente algo de introspección y hable con alguien de confianza y alejado de su situación o sentimientos, incluso con un profesional si cree que requiere este nivel de asesoramiento. El fuego es un signo de impulso, así que tenga cuidado de no ser demasiado impulsivo. Esto se duplica si ya es una persona impulsiva. Sin embargo, recuerde, a menos que se sienta negativo respecto al fuego en su sueño, no debe temerle a pesar de su reputación negativa. Piense en un fénix que se levanta de las cenizas otra vez. La mayoría de las veces, el fuego es un símbolo positivo en los sueños.

Soñar con el elemento tierra, así como con cualquier cosa relacionada con el lodo, el suelo, los árboles, las montañas y la naturaleza, en general, se puede interpretar de muchas maneras, ya que toma muchas formas. También puede ser menos perceptible para nosotros cuando soñamos, a pesar de su frecuente aparición en nuestros sueños, porque siempre está ahí en la forma de la tierra en la que estamos. Sin embargo, esta no es la única forma que toma, ya que es un elemento muy versátil, así que echemos un vistazo a algunas de sus apariencias más simbólicas en los sueños. La tierra es diferente de los otros tres elementos, ya que es el único sólido. La conexión a tierra, la estabilidad y el reino material o físico son lo que representa en general. También es un símbolo de testarudez, rigidez y un espíritu inmutable. La única vez que la tierra puede representar el renacimiento en los sueños es si sueña o ve en su sueño algo que está empezando a crecer o florecer fuera de la tierra, o cualquier tipo de crecimiento nuevo. Siendo la tierra el símbolo del materialismo, esto podría significar el crecimiento del éxito y la prosperidad, generalmente financiera. Sin embargo, la tierra también es el símbolo de la madre tierra/madre naturaleza, por lo que esto podría simbolizar la fertilidad o la riqueza de la vida. Estar atrapado en el barro o ser succionado y tragado por la tierra podría simbolizar una dificultad financiera o la sensación de estar abrumado con todo lo que tiene que hacer en su vida en este momento, especialmente si un sentimiento de miedo acompaña esto. Estar dentro de la tierra de alguna manera, entrando a una cueva, espacio subterráneo o túnel, podría indicar que está explorando y tomando conciencia de su subconsciente. Se está volviendo consciente o se está haciendo consciente de algo oculto de su mente consciente. Esto suele ser una buena señal y puede indicar un crecimiento personal. Sin embargo, a veces estos sueños pueden ser aterradores. Si se siente asustado al entrar bajo tierra en un sueño, esto puede atribuirse al hecho de que hay algo allí que no quiere enfrentar. Hay algo que enterró en su subconsciente que no quiere ver o tratar. Eso suele ser lo que significan estos sueños.

El aire, como la tierra, es menos perceptible en los sueños que el fuego y el agua. Esto se debe a que la tierra y el aire están obligados a estar en nuestros sueños una y otra vez, como el aire que respiramos y el suelo en el que pisamos. Sin embargo, puede adoptar otras formas, así como este aspecto menos notable. Por lo tanto, echemos un vistazo a como más aparece en nuestros sueños y lo que puede significar. El aire representa inteligencia, comunicación y espiritualidad (aunque se puede decir que cada elemento tiene vínculos espirituales de una forma u otra, ya que todos son igualmente parte de nuestro mundo). Los vientos ásperos y en ráfaga que lo hacen sentir inquieto e incómodo, o más emociones negativas en un sueño, pueden simbolizar la vulnerabilidad. Quizás se sienta emocionalmente/espiritualmente vulnerable en su vida, o quizás ni siquiera se dé cuenta de estas vulnerabilidades. Mencionamos los sueños voladores y lo que simbolizan, pero lo veremos aquí brevemente cuando caiga bajo el elemento aire. Un sueño de volar es a menudo positivo, y si es un sueño de vuelo positivo, representa paz mental y un sentimiento de libertad. Tal vez usted acaba de pagar una deuda o completó una tarea o terminó/entró en una relación, tal vez sea una razón más espiritual, pero sea lo que sea, es probable que algo en su vida le haya causado una gran tranquilidad si tiene un sueño positivo sobre volar. Considérese afortunado, ya que los sueños voladores son algunos de los mejores sueños que las personas pueden tener. El aire, como el agua y el fuego, es un elemento flexible muy cambiante. Una gran tormenta o viento puede indicar un cambio importante en la vida, así como la vulnerabilidad. Si le falta aire o le cuesta respirar, es posible que sienta pánico, ansiedad y agobio en su vida de vigilia. Si el aire es frío, esto podría indicar distancia emocional/frialdad, y/o soledad o una distancia no deseada de otras personas que le importan. Las ráfagas de viento que aparecen de forma negativa en su sueño también podrían indicar que tiene la necesidad de conectarse a tierra y ponerse en contacto con la realidad. Recuerde, todo es simbólico: estos sueños de los elementos no son premoniciones acerca de que usted se ahogue o se queme en un incendio o que la tierra se lo trague o que un tornado lo vaya a succionar. Si vienen con sentimientos negativos, entonces hay algo en su vida que está causando estos mensajes de sueño significativos y poderosos, y su interpretación es un paso en la dirección correcta para descubrir cómo llegar al fondo de estos sentimientos o problemas, enfrentarlos, crecer, y seguir adelante.

Conclusión

Gracias por llegar hasta el final de *Psíquica: la guía esencial para el desarrollo psíquico para desarrollar habilidades como la intuición, la clarividencia, la telepatía, la sanación, la lectura del aura, la mediumnidad y la conexión con sus guías espirituales.* Debería haber sido informativo y haberle proporcionado todas las herramientas que necesita para alcanzar sus objetivos, sean cuales sean.

El siguiente paso es seguir adelante y comenzar a utilizar los consejos, trucos, herramientas y técnicas proporcionadas en este libro para comenzar a realizar su potencial psíquico y adquirir confianza y poder a medida que avanza su viaje hacia el mundo del poder psíquico. A medida que tenga más confianza en sus habilidades y comience a ver más resultados, tendrá el deseo de probar algunas de las técnicas más difíciles y los estilos de lectura psíquica que se sugieren y describen en este libro, como la telepatía, la adivinación de la bola de cristal, la mediumnidad y la lectura del aura. Y recuerde: es verdad lo que dicen, ¡la práctica realmente hace la perfección! Por lo tanto, si algo no funciona para usted de inmediato, no significa que no funcionará o que no puede usar esa técnica. Todos pueden usar cualquiera de las herramientas mencionadas en este libro, aunque para algunos es más fácil que para otros. Si ve a alguien que ha empezado como principiante como usted, pero ahora es mejor en el uso de cierta práctica, puede que sea más natural para ellos. No se juzgue a sí mismo ni a su progreso en función de los demás, solo apéguese a ello y verá en qué medida avanza. Además, es probable que haya cosas que sean más naturales para usted que para los demás, así que no se preocupe, ¡eso se nivela!

Finalmente, si encuentra que este libro es útil de alguna manera, ¡siempre se agradece una reseña en Amazon!

Segunda Parte: Empatía

Guía para Comprender a las Personas Empáticas y Su Capacidad Emocional para Sentir Empatía, Incluyendo Consejos para Personas Altamente Sensibles, y Cómo ser un Empático Psíquico

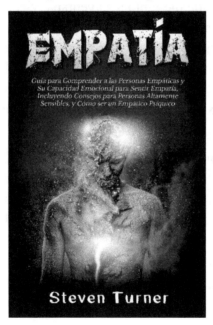

Introducción

Usted se encuentra de pie junto a su ventana, viendo pasar el mundo. Puede ver a la gente caminando por la calle, viejos y jóvenes por igual, cada uno en sus asuntos. Pero está seguro de una cosa: tiene miedo de ser una de esas personas. Si fuera posible, preferiría pasar todo el día en su apartamento. Según su experiencia, estar cerca de la gente puede ser extremadamente abrumador porque parece atravesar una montaña rusa de emociones.

Cada momento que pasa afuera, no está seguro de qué emoción sentirá después. Frustración, emoción, pena, ansiedad, alegría, angustia, molestia, lo que sea. Debido a su mentalidad introspectiva, ha descubierto que solo siente estas emociones al estar rodeado de otras personas. Y es precisamente por eso que ha desarrollado una tendencia a huir de ellos cada vez que se siente abrumado.

Puede sentir un grito profundo desde las profundidades de su alma, ¿quién soy yo?

Usted es una persona empática.

Tiene el don especial de absorber las energías que flotan a su alrededor y percibirlas como si fueran suyas. Ser una persona empática es un don, no una maldición. Así que es hora de que aprenda más sobre sus capacidades.

Capítulo 1: ¿Qué es Una Persona Empática? Rasgos y Categorías de las Personas Empáticas

Una persona empática es aquella que posee el don especial de percibir las emociones y los sentimientos de otras personas como si fueran propias. Ni siquiera lo intentan. Están naturalmente sintonizados con las energías que flotan a su alrededor. Si una persona empática entra en una habitación y se sienta junto a una persona que está de luto en silencio, puede percibir el dolor y lo experimentará como si fuera suyo. Una persona empática que carece de conciencia de su don puede estar profundamente en conflicto, ya que no pueden diferenciar sus propios sentimientos de los de los demás.

Pregúntese a usted mismo lo siguiente para descubrir si es una persona empática:

o ¿Puede percibir a las personas de alguna manera?
o ¿Puede sentir las emociones de otras personas y confundirlas con las suyas?
o ¿Puede pensar en la misma sincronía que otras personas?

o ¿Sus sentimientos cambian al momento de encontrarse con una persona en particular?

o ¿A veces se pregunta si es co-dependiente, neurótico, o incluso demente?

o ¿Puede leer la mente de las personas?

Puede ser sorprendente tener la capacidad de captar las energías de otras personas, pero en el lado negativo, puede convertirse en una verdadera lucha cuando dichas energías son de la naturaleza oscura y especialmente si la persona empática en cuestión desconoce su capacidad.

Como persona empática, estos son algunos rasgos que está sujeto a visualizar:

Altamente sensible

La gente continúa diciéndole que es demasiado sensible. Esto se debe a que lo que otros dicen o hacen puede afectarle fácilmente. Puede leer sus mensajes ocultos cuando hablan o hacen algo. Esta sensibilidad puede hacerle susceptible a cosas que no lastiman a las personas con bienestar personal. Su alta sensibilidad le hace pensar demasiado en lo que hace o dice. Este patrón siempre conduce a tendencias auto inhibidoras. Termina adaptándose demasiado para agradarle al mundo. El hábito de suprimir sus verdaderas emociones viene acompañado de una gran cantidad de desafíos.

Absorber las energías de otras personas

Podría estar teniendo un día fantástico con el ánimo en alto, y luego al ir a Starbucks y sentarse junto a una familia que, sin que usted lo sepa, acaba de perder a uno de sus integrantes. No se dice nada. Todos están bebiendo café de manera tranquila. Muy lentamente, la alegría que tenía al inicio comienza a desaparecer, y en su lugar, la tristeza se apodera de usted. No hay por qué estar triste, pero de cualquier manera experimenta esa tristeza. Después, la familia se levanta, sale de Starbucks, y su tristeza se desvanece. Acaba de absorber sus energías.

Introvertido

Ser introvertido no es lo mismo que ser tímido. Una persona tímida puede detestar estar sola y sentirse rechazada por la falta de contacto humano, pero, por otro lado, una persona introvertida se siente agotada cuando se queda mucho tiempo con otras personas, y aprecian estar a solas. Una persona tímida tiene tendencias auto-inhibidoras, pero una persona introvertida tiene un fuerte sentido de sí misma y se mantiene fiel a ella. Es más probable que las personas empáticas sean introvertidas que extrovertidas. No rechazan todo contacto humano, sino que prefieren socializar en términos individuales o en grupos pequeños.

Altamente intuitivo

Una de las armas más efectivas de una persona empática es su intuición. Tienen la capacidad para detectar la verdadera naturaleza de una situación. Esto hace que sea un poco difícil intentar engañarles. Conocerán todos sus trucos. Como persona empática, si se encuentra con alguien, tiende a tener un presentimiento de cómo es realmente esa persona. Siempre está en sintonía con su entorno y puede sentir cuándo hay peligro. Esta habilidad es, obviamente, una de las principales ventajas de ser una persona empática, porque es menos probable que otros intenten aprovecharse de usted.

Abrumado por las relaciones

Las relaciones convencionales ponen énfasis en que las parejas pasen tanto tiempo juntos como sea posible. Una persona empática no puede desarrollarse en este tipo de relación porque constantemente captan las emociones de su compañero y las confunden con las suyas. Esto no quiere decir que las personas empáticas no puedan tener ninguna relación. Sin embargo, el acuerdo tradicional de una relación necesita ser reconstruido. Por ejemplo, pueden tener una habitación propia a la que puedan retirarse cuando se sientan impacientes para estar solos, y, además, sus parejas deben ser muy pacientes con ellos.

Tomar mucho tiempo para procesar las emociones

La persona promedio tiene una atención precisa de sus emociones. Ya sea tristeza o alegría, se activa repentinamente. Sus reflejos emocionales son demasiado rápidos. Una persona empática se toma el tiempo para comprender las emociones que está sintiendo en el momento. Por ejemplo, si ocurre algo malo, la tristeza no se hará presente de inmediato. Primero intentarán entender la situación, repasando los detalles una y otra vez, y posteriormente la tristeza brotará en su interior. Pueden experimentar emociones de una manera muy intensa. Por lo tanto, ya sea tristeza o alegría, pueden sentirlo al máximo.

Amar la naturaleza

La mayoría de las personas empáticas se sienten más felices cuando están rodeados de la naturaleza. Ya sea sintiendo la luz del sol en su piel, la lluvia o tomando un poco de aire fresco, ninguna otra actividad restablece su equilibrio como estar rodeado por el mundo natural. Sienten un profundo sentido de conexión con la naturaleza. Cuando una persona empática está experimentando una montaña rusa de emociones, una de las medidas restauradoras sería dar un paseo por un área abierta debajo del cielo.

Sentidos intensos

Una persona empática posee sentidos muy desarrollados. Pueden captar el menor rastro de un aroma, ver en la oscuridad, escuchar el sonido más diminuto y sentir las vibraciones de otras cosas. Estos sentidos desarrollados les hacen ser excelentes para notar todos los pequeños detalles. Las personas empáticas parecen notar lo que normalmente escaparía a la atención de la mayoría de las personas. Por esta razón, tienden a prosperar en profesiones que exigen mucha atención y exploración de lo abstracto.

Generoso

No hay una persona más generosa que una empática. No necesitan tener algo para poder ayudar. Están dispuestos a hacer un esfuerzo adicional y ofrecer apoyo. Por ejemplo, cuando una persona empática se encuentra con un niño sin hogar y capta su sufrimiento, se le rompe el corazón. No solo quieren darles algo de comida, sino también encontrar una manera de sacarlos de las calles. La mayoría de las personas no se preocupa por los niños de la calle y los consideran como una molestia. Podemos asumir que las personas empáticas desempeñan un papel fundamental para ayudar a los niños sin hogar y también para otras personas que están experimentando dificultades.

Creativos

Las personas empáticas tienden a ser muy creativas. Esto es gracias a la riqueza de emociones que siempre están experimentando. Su naturaleza creativa se manifiesta en casi todos los aspectos de su vida: comida, relaciones, hogares y, lo más importante, en su carrera profesional. Es probable que tengan éxito en una profesión relacionada con las artes. Poseen un excelente potencial para dibujar, escribir, cantar o hacer películas. Tienden a retratar sus emociones de forma inequívoca y pueden capturar las emociones de otras personas según lo previsto.

La gente se siente atraída a usted

Si una persona empática no es consciente de su don especial, es probable que se escondan del mundo. Prefieren esconderse y sentirse seguros, que quedarse entre la gente y experimentar cada emoción imaginable. Esto puede hacer que la sociedad sospeche de ellos e incluso los odie. Sin embargo, si una persona empática es consciente de sí mismo y sabe de su capacidad para absorber las energías que flotan a su alrededor, entonces la gente se sentirá atraída hacia ellos. La gente sabe que este tipo de personas poseen una capacidad excepcional para comprenderles y ayudarles a superar los desafíos que enfrentan.

Las personas empáticas se dividen en las siguientes categorías distintas:

o **Geomántico**: Este tipo de personas están en sintonía con un determinado entorno o paisaje. Las personas empáticas geománticas están conectadas a sitios específicos como edificios, lagos, océanos y montañas. Pueden sentir las emociones históricas de estos sitios. Por ejemplo, si visitan un sitio donde algunas personas fueron asesinadas hace muchos años, todavía pueden sentir su dolor. Unen los sentimientos a diferentes entornos, de modo que cada entorno evoca diferentes emociones. Tienden a llevar suvenires para recordarles esos entornos.

o **Físico**: También conocido como médico, pueden detectar la condición del cuerpo de otra persona. Reconocen instintivamente lo que aqueja a otra persona. En casos extremos, pueden detectar los síntomas para compartir su dolor. Las personas empáticas físicas poseen habilidades curativas. Tienden a desarrollarse en profesiones en medicina convencional o alternativa. Son excelentes para cuidar a las personas enfermas. Aquellos que padecen enfermedades confían en ellos instintivamente porque pueden sentir que les importan.

o **Emocional**: Son sensibles a la energía emocional que se encuentra a su alrededor. Las personas empáticas emocionales, absorben las emociones de otras personas y las consideran suyas. Esto puede ser muy angustiante si se encuentran constantemente cerca de personas negativas. Debe aumentar su autoconciencia para que puedan distinguir sus emociones de las de los demás. Tienden a alejarse de otras personas para que puedan pasar tiempo a solas y renovarse. Deben proteger su energía siguiendo distintas prácticas de curación.

o **Animal**: Ciertamente ha visto a alguien en su vecindario que está más interesado en mantener la compañía de los animales que de las personas. Tienen una mascota o incluso varias mascotas que significan todo para ellos. Existe una alta probabilidad de que esa persona sea empática animal.

Sienten una profunda conexión con los animales. Pueden sentir lo que los animales quieren o sienten y los animales los aman. La conexión es tan profunda que tienen una forma de comunicarse entre sí. Responden a su intenso deseo de conectarse con los animales domesticando a los de su elección. Además, tienden a ser apasionados por los derechos de los animales y hacer contribuciones a los fondos que promueven el bienestar animal.

o **Planta**: comparten una conexión profunda con una determinada planta o plantas en general. La planta evoca ciertas emociones cuando la tocan. Pueden comunicarse con la planta y conocer su condición. Les gusta pasar el rato cerca de las plantas en un entorno natural, llevarlas a casa o plantarlas en el jardín.

o **Precognitivo**: ¿Es el tipo de persona que puede predecir el futuro? ¿Y no solamente su futuro, sino también al de otras personas o eventos no relacionados? Ciertamente es una persona empática precognitiva. Tiende a "visualizar" sucesos antes de que realmente ocurran. Sus visiones se manifiestan de diferentes maneras, como sueños o sentimientos. Tener la capacidad de prever el futuro es gratificante y angustiante a la vez. Puede ayudarle a prepararse para el futuro y, al mismo tiempo, puede ampliar su desdicha al saber que el dolor lo espera.

o **Psicométrico**: Este tipo de personas tienen una conexión profunda con diversos objetos físicos. Los objetos despiertan ciertas emociones en ellos. Los objetos pueden ir desde utensilios, cuchillos, joyas, fotos, etc., pero cada uno despierta ciertas emociones profundas cuando la persona se encuentra con ellos. Por ejemplo, si su padre les entregó una navaja y luego murió ese mismo día, la navaja podría tener mucho valor sentimental. Cada vez que se topa con una navaja similar, extrañarán mucho a su padre.

o **Telepático**: Una persona empática telepática puede saber lo que hay en la mente de alguien. Con una mirada a esa persona, pueden conocer sus pensamientos no expresados. Esto hace que tengan demasiada comprensión de las personas y las situaciones.

Capítulo 2: Cómo Aceptar Ser una Persona Empática

Cuando tiene el poder de sentir las emociones de otras personas puede ser tanto positivo como negativo. Por un lado, puede captar la energía positiva y disfrutarla, pero, por otro lado, también puede captar la energía negativa y pasar un mal rato. Esto es un factor decisivo porque existe mucha más energía negativa que positiva en el mundo.

Si usted es una persona empática, puede caer fácilmente en la tentación de etiquetar su habilidad como una maldición y encerrarse en su pequeño mundo, pero no hay razón para que sea así. En su lugar, debería aceptar su don especial y usarlo para mejorar su vida.

A continuación, enlistamos algunas maneras de aceptar su capacidad para obtener lo mejor de usted:

Encontrar un espacio para restaurar su energía

Mantenerse en contacto con la gente durante mucho tiempo agotará su energía. Para restaurarla, debe retirarse a un área tranquila. Improvise un lugar donde pueda retirarse de vez en cuando. Este espacio debe estar bien diseñado y sin distracciones. Equipe su espacio con cosas que le ayuden a adquirir tranquilidad, como la música y los colores claros. Por ejemplo, puede crear un espacio adicional en su casa para este propósito. Cuando vuelva del trabajo, puede retirarse a este lugar para renovarse.

Huir de la energía negativa

Si ha pasado la etapa de separar sus emociones de las emociones de otras personas, está en posición de identificar la fuente de energía negativa. Cada vez que se encuentre con alguien que está lleno de energía negativa, inevitablemente captará su energía. Pero no debe aguantar y sufrir de manera innecesaria. Debe excusarse y alejarse de la energía que emana. Esto no significa ser egoísta; es un acto de preservar su cordura. En esta era de internet, no tiene que estar físicamente cerca de una fuente de energía negativa para experimentarlo. Esa energía puede llegar a usted a través de las redes sociales o incluso correo electrónico. Por lo tanto, asegúrese de bloquear a las personas que son fuentes de energía negativa electrónica.

Realizar actividades recreativas

¿Qué sucede al absorber las emociones negativas de otras personas? Se sentirá debilitado. La situación empeora si carece de conciencia, como la mayoría de las personas empáticas, de su situación. Puede participar en actividades que le ayuden a deshacerse de la energía negativa. Por ejemplo, ir al gimnasio, salir a caminar o incluso ser voluntario en una organización de caridad. El propósito de realizar estas actividades es tener una salida para sus emociones. Si otorga espacio a las emociones negativas de otras personas, eventualmente su calidad de vida se verá afectada.

Perseguir sus sueños

Al captar constantemente las energías de las personas negativas, es más susceptible de sufrir un colapso. Sin embargo, en lugar de retirarse a su caparazón y huir de las personas, debe aplicar su riqueza de emociones para perseguir sus sueños. Cuanta más profundidad emocional posea, mayor será su reserva de creatividad. Tome ventaja de sus emociones y obtenga algo de gran calidad para que el mundo pueda reconocerlo. Por ejemplo, si es un escritor, escriba un gran guión. Explore sus emociones a través de los personajes. El mundo lo apreciará. ¿Y lo que es mejor? ¡Podría hacer una fortuna!

Mostrar gratitud

¡Ser una persona empática no es una maldición! ¡Mucha gente sufre más! ¿Qué tal mostrar algo de gratitud? Cuanto más agradecido esté por la vida que tiene actualmente, mejor se sentirá. Ser agradecido es un elemento clave para cultivar la mentalidad correcta y encontrar más formas de mejorar su vida. Además, al ser agradecido, naturalmente cultivará alianzas con otras personas. Tiene muchas más posibilidades de lograr el éxito al tener una red vasta, que cuando está solo por su cuenta.

Contactar con otras personas empáticas

Si usted es una persona empática, debe estar cansado de que la gente le diga que es demasiado sensible. Revisa los pequeños detalles y tiene una forma estricta de hacer sus actividades. Puede sentirse como un extraterrestre entre los seres humanos porque nadie parece entenderle. Pero ese no debería ser el caso. Seguramente puede encontrar personas, también empáticas, que son espíritus afines. Si no conoce a nadie en su área de residencia, puede buscar comunidades en línea y seguramente encontrará una comunidad que incluya a personas como usted. Cuando encuentre a su familia, finalmente experimentará un sentido de pertenencia y la vida no será tan difícil como parecía en primera instancia. Pueden seguir adelante juntos para animarse mutuamente.

Meditar

Muchas veces subestimamos la utilidad de la meditación. Esta antigua práctica es fundamental para restablecer el equilibrio en su mente y espíritu. Como persona empática, es recomendable enfocarse a la meditación para eliminar la energía negativa y mejorar su mente y espíritu. Si medita regularmente, obtendrá la resistencia mental necesaria para sobrellevar el día sin que le afecten las emociones de otras personas. La meditación le ayudará a cultivar una identidad firme de sí mismo.

Entender que está bien no encajar

Algunas personas empáticas consideran su capacidad como una carga, no como un don especial, y esto les afecta demasiado. Esto puede resultar en que se cierren por completo. Y lo anterior genera atención no deseada. La gente reacciona pensando que hay algo cuestionable en ellos y los trata con sospecha. La sociedad termina tratando a tales personas como marginadas. Las personas empáticas deben estar orgullosas de su don y aceptar con orgullo sus características peculiares en lugar de bloquearse. Si aceptan abiertamente su peculiaridad, la sociedad no les tratará como rechazados.

Capítulo 3: Beneficios Prácticos de Ser una Persona Empática

A continuación, enlistamos algunos beneficios de ser una persona empática:

Habilidad para detectar mentiras

Si tiene experiencia, debe saber que las personas no son del todo sinceras. Tienen una necesidad casi innata de mentir. Como persona empática, puede reconocer inmediatamente cuando alguien miente. Bastará con una mirada para saberlo, ya sea por su lenguaje corporal o por intuición, que han dicho una mentira. Esto realmente puede ayudarle a sobrellevar la vida mientras evita campos de minas figurativos en forma de falsedades. Ser capaz de detectar mentiras le ayudará a ahorrar tiempo y también a lograr los objetivos importantes de su vida.

Creatividad

Como persona empática, puede ser muy expresivo. Esta capacidad le ayuda a tener éxito en cada situación de trabajo, ya que posee un toque de creatividad. Las personas empáticas tienden a prosperar en carreras profesionales que requieren creatividad, particularmente las artes. Esta racha creativa le ayudará a atraer un gran número de seguidores, oportunidades exclusivas y conocer a personas importantes. Ser creativo es crítico incluso en relaciones sólidas. Muchas relaciones fracasan no porque las parejas no sean compatibles entre sí, sino simplemente porque la pareja, especialmente el marido, es una persona carente de imaginación.

La gente confía en usted

Seamos realistas: la mayoría de la gente es desconsiderada. Nadie tiene tiempo para perder prestando atención a los problemas de otro. Es aquí donde entra la persona empática: alguien que no solo tiene el tiempo para escuchar sus problemas, sino que también está dispuesta a ayudarle a deshacerse de ellos. Cuando la gente se encuentra con una persona tan complaciente, se sienten atraídas hacia ellas porque son sinceras. Sienten confianza y, por lo general, les revelan sus secretos ocultos. Siempre es bueno que la gente confíe en usted porque esto sienta las bases para ayudarse mutuamente.

Los animales se sienten atraídos hacia usted

Numerosos estudios han confirmado lo que las personas empáticas siempre supieron: los animales tienen sentimientos. Los animales pueden distinguir a una buena persona de una mala persona. Si intenta hacer daño a un animal, intentarán huir antes de dejar clara su intención. Las personas empáticas sienten demasiado amor hacia los animales. Comparten una conexión. Por esta razón, los animales son atraídos hacia ellos. Los empáticos tienen sentimientos sinceros hacia todas las criaturas.

Elegir vibraciones positivas

Ser una persona empática emocional implica que puede captar las vibraciones que la gente emite. La mayoría de las personas empáticas se enfocan en el lado negativo de su habilidad; por lo que absorberán energía negativa. Pero en el lado positivo, también pueden absorber energía positiva. Esto significa que, si se rodean de personas positivas, su estado emocional no será importante, ya que también se sentirán positivos. Deben priorizar las relaciones con personas positivas para que puedan aprovechar este don. Conocer a personas positivas de manera consistente puede ser desafiante, pero al igual que con cualquier otra cosa, puede lograrlo con suficiente determinación.

Gran capacidad para expresar amor

Cuando dos personas están en una relación, uno de los desafíos que enfrentan es entenderse mutuamente. Es posible que no lleguen a menudo a un acuerdo común. Como persona empática, puede comprender a alguien a un nivel más profundo. Esta capacidad le permite expresar su amor y compromiso con su pareja de una manera incomparable. Su compañero apreciará enormemente su capacidad para comprenderle y le inspirará a convertirse en una mejor pareja. Como sabemos, se necesita un gran esfuerzo por parte de ambos para hacer que una relación funcione.

Capacidad de curación

Las personas empáticas tienen la capacidad de curar a las personas de diversas aflicciones. Cuando el dolor se manifiesta en el plano físico, significa que el plano espiritual no está correctamente alineado. Para que la enfermedad desaparezca, el plano espiritual deberá ser sanado primero. Las personas empáticas tienen este potencial restaurador natural. Pueden ayudar a restaurar el plano espiritual a un equilibrio perfecto y, por ende, ayudar a esa persona a deshacerse del dolor que les aflige. Por lo tanto, se dice que las personas empáticas tienen capacidades de curación en virtud de sus poderes restauradores.

Apreciar la belleza

Una persona empática posee una capacidad excepcional para apreciar la belleza. Poseen una habilidad innata para observar la perfección en las cosas grandes y pequeñas de la vida. Lo que puede parecer normal para los ojos promedio de una persona común, podría ser una obra de inmensa belleza para una persona empática. Por esta razón, se sienten atraídos por cosas auténticas y orgánicamente formadas. No aprecian las cosas brillantes porque saben que es probable que la calidad haya sido comprometida. Para ellos, la belleza está presente en todas las cosas que existen.

Apartarse de los problemas

Tendría que ser sobrehumano para evitar todo tipo de problemas. Pero aun así, tener la capacidad de percibir cómo es una persona con solo conocerla, junto con la capacidad de predecir lo que sucederá en el futuro, le inspira a protegerse. Si su intuición le dice que una persona es peligrosa, obviamente se mantendrá alejado de ella, evitando problemas. Si ha soñado con algo terrible que sucede en el futuro, puede actuar en el momento para mitigar el impacto del problema o eliminarlo por completo.

Sin necesidad de falsedad

No hay nada más que aleje a las personas empáticas que las cosas o personas falsas. Así que, naturalmente, no querrían ser lo que detestan. Una persona empática desea ser auténtico sobre todos los aspectos de su vida. Esto los hace parecer firmes, maduros y profundamente creativos. En un mundo plagado de cosas y personas falsas, un sentido de originalidad es siempre bienvenido.

Cuando se sienten felices, son inmensamente felices

Esto se remonta a la capacidad de una persona empática para sentir sus emociones de manera integral. Experimentan cada emoción hasta el último momento. Si es dolor, lo sienten profundamente, pero si es felicidad, lo disfrutan inmensamente. Esto es porque su emoción les permite ser extremadamente felices mientras pueden.

Capítulo 4: Dificultades de las Personas Empáticas

A continuación, enlistamos algunas de las dificultades que enfrentan las personas empáticas:

Problemas para ver televisión

La televisión es uno de los medios de entretenimiento más populares. En todo momento, hay cientos de millones de personas con los ojos puestos en ella. Lamentablemente, la televisión está llena de contenido que ahuyenta a las personas empáticas. Cosas como la crueldad, la tragedia y la violencia tienden a repelerles. Pueden ver la televisión durante un tiempo limitado para ponerse al día con programas que no son violentos y que aportan algo bueno a sus almas sensibles.

Dificultad para decir NO

Una persona empática es altamente sensible y no soporta tener que decepcionar a otras personas. Si alguien les pide un favor, aceptarán diciendo "sí" a pesar de que les molestaría. Esto hace que se sientan culpables porque asumieron responsabilidades que no estaban listos o dispuestos a cumplir. La incapacidad para decir "no" da como resultado problemas y, en última instancia, reduce la calidad de vida.

Para aprender a decir "no" sin sentirse culpable, tendrán que adquirir habilidades asertivas.

No soportar salir de casa

Las personas empáticas prefieren permanecer en sus habitaciones tanto como sea humanamente posible porque una vez que salen, se encontrarán con otras personas, y luego comenzarán a absorber sus energías. La idea de salir de casa les asusta un poco. Sin embargo, tienen que salir porque no es práctico quedarse en casa todo el tiempo. Es indispensable aprender medidas para proteger su energía mientras están fuera. Una de estas medidas incluye visualizar un escudo protector de luz alrededor de su cuerpo.

Alta sensibilidad

Las personas empáticas son extremadamente sensibles. En las reuniones sociales, les resulta difícil adaptarse porque examinan cada palabra que se dice. Son conscientes de lo que dicen y de cómo se comportan frente a los demás. Esto es lo que contribuye a que se sientan incómodos al estar en público. Además, gracias a su naturaleza sensible, tienden a detectar problemas donde no los hay. Por ejemplo, si saludan a alguien y la persona no responde, comienzan a imaginar que dicha persona les odia. Pero no se detienen a considerar que su voz es baja y su tono nervioso y que posiblemente la otra persona no les escuchó, y por eso no respondieron.

Sentirse fácilmente abrumados

Para una persona empática, no hay nada más exigente que estar a solas en público. Ya sea que estén en el centro comercial, en el gimnasio o en el supermercado, experimentan una gran cantidad de emociones que los abruman. Este estado les hace sentir incómodos y nerviosos. Es necesario adoptar estrategias que les ayuden a diferenciar las energías de los demás y, lo que es más importante, a proteger su energía.

Falta de amigos

Una persona empática puede detectar rápidamente a la gente falsa. Lamentablemente, los verdaderos amigos son pocos. La mayoría prefieren quedarse solos que tener amigos falsos. Su naturaleza sensible les hace renunciar fácilmente a buscar verdaderos amigos. Por lo tanto, prefieren quedarse solos. El hecho de que tengan dificultades para involucrarse con otras personas, hace que sea aún más difícil hacer amigos. En la medida en que atesoran su tiempo a solas, no significa que no puedan hacer amigos. Les encantaría tener amigos como todos, pero el problema es que dichos amigos son falsos, en realidad.

Cambios

de humor

Como persona empática, ser abrumado con una variedad de emociones a medida que avanza el día afectará su estado de ánimo. Sus estados de ánimo cambiarán dependiendo del tipo de energía con la que interactúan. Si se topan con personas falsas, su estado de ánimo se volverá amargo y si se encuentra con personas positivas, se sentirán felices. Para tener un estado de ánimo sin variaciones, es imperativo que tome medidas para mantener estable su energía. No es un ejercicio simple. Tendrá que practicar una y otra vez para hacerlo correctamente.

Dificultad para relacionarse con otras personas

Una cosa es tener amigos, y otra es relacionarse con ellos a un nivel profundo. Una persona empática puede tener dificultades para conectarse con otras personas porque su naturaleza sensible hace que no confíen en ellas con facilidad. Por lo general, se necesita mucho tiempo para confiar en alguien, a diferencia de otras personas que parecen confiar en otros en un instante. Cuando parece difícil confiar en las personas, difícilmente se abren a ellas, lo que afecta su capacidad para relacionarse. Las personas empáticas necesitan trabajar en su capacidad para confiar en los demás.

Tendencia a complicar sus relaciones

Estar en una relación con una persona empática puede ser complicado. Por un lado, son muy sensibles. Su compañero debe pensar adecuadamente sus palabras y acciones porque la persona empática puede captar el significado incorrecto y sentirse lastimado. Después de un tiempo, esto comienza a volverse agotador. Además, teniendo en cuenta la tendencia empática de absorber las emociones de otras personas, es posible que puedan negarse a pasar tiempo juntos. De vez en cuando se alejarían para dirigirse a un espacio aislado para renovar su energía. Esto puede ser muy frustrante, especialmente si disfruta pasar mucho tiempo con su pareja.

Atraen a los vampiros energéticos

Las personas empáticas atraen a los vampiros energéticos como polillas a la luz. Los vampiros energéticos operan con una vibración baja, y pueden detectar personas empáticas a una milla de distancia, y cuando lo hacen, se apresuran para absorber su energía. Los vampiros energéticos son excelentes para imitar el buen comportamiento, pero no pasa mucho tiempo antes de que la persona empática detecte su falacia. Los vampiros energéticos causan un gran daño a las personas empáticas porque no solo agotan su energía, sino que también les hacen sentir culpables cuando intentan alejarse.

Capítulo 5: Conceptos Erróneos Comunes de una Persona Empática

Existen diversos mitos acerca de las personas empáticas que simplemente no son verdaderos. Los siguientes son algunos conceptos erróneos comunes sobre ser una persona empática:

Debilidad

Este es el mayor concepto erróneo sobre las personas empáticas. Pueden absorber las energías que otras personas emiten, ¿no es eso una especie de súper poder? Así mismo, considere el hecho de que deben procesar todas esas emociones que surgen en sus mentes desde afuera y descubrirá que se necesita una energía impresionante para no ceder. Pueden ser muy sensibles e incluso llorar cuando experimentan melancolía, pero eso no sucede, y no quiere decir que pueda herirles a voluntad. Son personas fuertes. Esta fortaleza se manifiesta en su capacidad para absorber una variedad de emociones a lo largo del día y aun así mantener su cordura. Tienen una gran capacidad para resistir la ola de emociones negativas que les golpean constantemente, y esta capacidad es testimonio de su fuerza mental. Su tendencia a experimentar crisis no se debe al hecho de que son débiles; más bien, se debe a su naturaleza altamente sensible. Una persona empática experimenta el mundo intensamente, y puede sentir cada pizca de energía envuelta en una palabra o una acción. Por esta razón, sus emociones están muy influenciadas por lo que las otras personas dicen o hacen, y pueden interpretar de manera errónea el mensaje transmitido. Por ejemplo, si un hombre observa de manera insistente a una persona empática, su corazón podría comenzar a acelerarse, pensando que ese hombre quiere hacerles daño. Considerando que la verdad es que el hombre ni siquiera ha notado su presencia todavía, y solo está mirando fijamente el espacio vacío frente a él, perdido en sus pensamientos.

Considerarse especial

Como persona empática, está acostumbrado a crear altos estándares de sí mismo. Estos estándares se harán presentes tanto en sus objetivos profesionales como en su vida personal. Por ejemplo, si está buscando un compañero de vida, existen ciertas características que requerirá de ellos. Si esas características están ausentes, esto es un factor decisivo. Evidentemente, solo puede establecer una relación sólida cuando conoce a un compañero de vida con las características que considera importantes. Sin embargo, para otras personas que miran desde afuera, parecerá que está cerrado por completo. Podría decir que tiene una percepción demasiado alta de sí mismo y por eso aún no ha logrado establecer una relación sólida; espera ser tratado como si fuera alguien especial. Las personas empáticas no tienen derecho. Pero tienden a tener altos estándares sobre las cosas que quieren de la vida. Ya sea que se trate de cosas materiales, relaciones o amistades, deben alinearse con sus requisitos y esta expectativa rígida puede desprenderse de mantenerse por encima de los demás.

Sentirse atraídos por los narcisistas esperando que puedan cambiarles

El narcisista es un ser muy complejo. Tienen demasiados trucos bajo su sombrero; es algo asombroso. Cuando un narcisista entra en su vida, no dan ninguna señal de que algo anda mal con ellos. Se relaciona con ellos mientras son perfectos y, a medida que pasa el tiempo, surgen las complicaciones. Comienzan lentamente antes de que salga su verdadera naturaleza. Cuando un narcisista quiere hundir a una persona empática, primero se esfuerza por saber qué es lo que está buscando. Cuando han completado su tarea y se dan cuenta de lo que la persona empática está buscando, comienzan a proyectar estas cualidades. Si la persona empática no puede ver a través de la falsedad del narcisista, cae en su trampa. No es verdad en absoluto que se relacione con el narcisista con la noción idealista de querer salvarle. La persona empática es simplemente una víctima del narcisista. Cuando el narcisista se quita la máscara para que su verdadero yo salga a la luz, la persona empática se envuelve en confusión, luchando por dar sentido a lo que está sucediendo.

Ser frío e insensible

Las personas empáticas que aún no son conscientes de su don especial tienden a llevar vidas tristes. Pueden encerrarse y huir del mundo. Carecen de la conciencia de que pueden absorber las energías de otras personas para que las perciban como propias. Esto hace que se calmen y actúen como si no estuvieran interesados en el mundo. La gente podría ver tal empatía y concluir que son fríos e insensibles. No podrían estar más lejos de la verdad. Independientemente de su expresión facial, una persona empática está en todo momento procesando una emoción. Debajo de su exterior aparentemente frío, hay un mundo sensible que contiene una gran cantidad de emociones. En cuanto al empático empoderado, reconocen demasiado bien cuándo alejarse del contacto humano para recargar su energía. No tienen reparos en involucrarse con las personas y pasar un buen rato, pero la diferencia es que saben cuándo retirarse.

Son enfermos mentales

Otro gran concepto erróneo es que las personas empáticas padecen algún tipo de enfermedad mental. Además de ser un error, también es algo ofensivo. Las personas empáticas tienen que luchar para absorber las emociones de otras personas y esto puede hacer que parezcan extravagantes, pero no les enferma mentalmente. Su salud mental es muy alta, especialmente cuando se considera el hecho de que aún pueden organizar su vida a pesar de las constantes oleadas de emociones que les acechan. Claramente, no sufren ninguna enfermedad mental.

Son perezosos

Otro concepto erróneo es la idea de que las personas empáticas son perezosas. Es cierto que cuando sufren una interminable racha de intrusión emocional de una fuente externa, pueden volverse inactivos, pero esto no debe atribuirse a la pereza. En la mayoría de los casos, es una condición conocida como síndrome de fatiga crónica. Además, tener que soportar la energía de los vampiros, agotará su energía mental, emocional y física.

Capítulo 6: Niveles del Campo Energético Humano

Los seres humanos son en realidad multidimensionales. Estamos compuestos de capas de energía que se extienden a planos más allá del plano físico. Estos niveles de energía son fundamentales para ayudarnos a expresar el rango completo de las vibraciones que experimentamos.

Las siguientes son las capas de energía de las que está compuesto un ser humano:

Cuerpo físico

El cuerpo físico es la primera capa de energía. Es esencialmente lo que percibimos como partes de nuestro cuerpo. Aunque nuestros cuerpos están formados por diversos órganos y sistemas, en el nivel básico, todos estos órganos comprenden energía. Así que nuestro cuerpo físico es realmente una expresión de diferentes vibraciones.

Cuerpo etérico

El cuerpo etérico es la segunda capa. Básicamente se refiere al estado que está entre la materia y la energía. Se encuentra aproximadamente a un cuarto de pulgada del cuerpo físico. La capa etérica de energía se modela después del cuerpo físico, y es grisácea.

El cuerpo etérico tiende a moverse en movimientos ondulados. Es una gran influencia en la estructura del cuerpo físico, y conforma varios patrones del mismo. El cuerpo etérico es lo que mantiene intacto al cuerpo físico.

Cuerpo emocional

Esta capa de energía es más ligera en comparación con el cuerpo etérico. Atiende a las emociones que experimenta un ser humano. La capa emocional de energía exuda una amplia gama de colores, a diferencia del cuerpo etérico que emite solo el gris. El cuerpo emocional oscila muy a menudo a través de una variedad de colores, a diferencia del cuerpo etérico que es bastante rígido. Dependiendo de la extremidad de las emociones que atraviesa una persona, el color de su cuerpo emocional puede ir de brillante a oscuro. El cuerpo emocional puede interpenetrar tanto el cuerpo etérico como el físico.

Cuerpo mental

El cuerpo mental se ocupa de los procesos de pensamiento que tienen los individuos. El cuerpo mental tiene una clara forma amarilla que rodea a toda la persona, pero se concentra principalmente alrededor de la cabeza y los hombros. El cuerpo mental está hecho de una sustancia áurica más ligera que el cuerpo emocional y etérico. El cuerpo mental está situado a unas diez pulgadas del cuerpo físico, pero se ensancha según la intensidad de la actividad mental de una persona. El cuerpo mental tiene una estructura y se pueden percibir varias formas de pensamiento. Es interdependiente con el cuerpo emocional. Diversas formas de pensamiento están iluminadas con distintos colores. Cuando una persona tiene un pensamiento claro, y no hay ningún ruido en su mente, su forma de pensamiento parecerá brillante. Pero cuando experimentan un juicio turbio, y hay demasiada niebla en su mente, su forma de pensamiento aparecerá oscura. El cuerpo mental es más fluido que el cuerpo emocional y etérico. Esto se debe a que la persona promedio siempre está comprometiendo a su cerebro a interpretar el mundo que les rodea. El cuerpo mental desempeña un papel crítico en el campo áurico y tiene una reacción en cadena en otras capas de energía.

Cuerpo astral

El cuerpo astral es el centro de transformación y transición. Los niveles más bajos del campo áurico se relacionan con las funciones y procesos inherentes a la experiencia física. Sin embargo, los niveles superiores del campo áurico se relacionan con las funciones y procesos de la experiencia no física. El cuerpo astral proporciona una entrada entre lo físico y lo no físico. No tiene ninguna estructura definida, pero al igual que el cuerpo emocional, presenta una amplia gama de colores para expresar varias formas. Está situado aproximadamente a un pie del cuerpo físico. Los colores del cuerpo astral tienen una mejor calidad estética que los del cuerpo emocional. Además, el cuerpo astral contiene un elemento rosado que está conectado al chakra del corazón o al estado de enamoramiento. Gran parte de la interacción no física entre las personas ocurre en el nivel astral de energía. Las personas con habilidades de clarividencia pueden observar cambios de energía entre las personas, aunque las personas involucradas no estén interactuando realmente. Por ejemplo, si dos personas tienen sentimientos intensos entre sí, como el amor o la ira, se pueden observar gotas de energía a través del nivel astral que se mueve entre ellas de un lado a otro.

El molde del cuerpo etérico

El molde del cuerpo etérico está situado a unos dos pies del cuerpo físico. Este molde juega un papel crítico en la formación de la capa etérica, y por extensión, del cuerpo físico. Existe un patrón que se parece al cuerpo físico que existe en la capa etérica. Este molde desempeña el papel de informar al cuerpo etérico. Crea un espacio sobre el cual puede existir el campo áurico etérico. Es crítico en la construcción de la red donde se manifiesta la energía física.

El cuerpo celestial

El cuerpo celestial es el campo áurico que nos permite experimentar el amor universal y la conciencia enriquecedora del alma. Es la forma emocional de la red espiritual. El amor por la humanidad se procesa tanto en el cuerpo astral como en el chakra del corazón, pero el cuerpo celestial hace posible experimentar el amor universal. El cuerpo celestial nos ayuda a unirnos a todas las cosas existentes y a vernos a nosotros mismos como una extensión del universo, no como una entidad independiente. Se extiende a aproximadamente dos y tres cuartos pies del cuerpo físico y es mucho más ligero que la capa del molde etérico.

El molde etérico o cuerpo causal

El molde etérico está situado alrededor de tres pies y medio del cuerpo físico. Desempeña un papel protector sobre todos los otros cuerpos en el campo áurico. Es la capa áurica final en el campo de energía humana y desempeña un papel importante en la definición del camino que un individuo seguirá a lo largo de su vida. Este cuerpo de energía está hecho de una sustancia extremadamente ligera, y el color dorado es dominante. Las personas con habilidades clarividentes pueden observar destellos de luz dorada alrededor de una persona. Es crítico para comprender su conciencia, así como los asuntos que afectan sus vidas pasadas.

Capítulo 7: Elevar su Vibración

El cambio es la única constante. En cada momento, está actuando o reaccionando a la vida, y el resultado es un aumento o una disminución de la vibración. Cada acción o interacción a lo largo de su vida afectará sus niveles de energía. Si toma buenas decisiones, aumenta su vibración y, a la inversa, si toma malas decisiones, baja su vibración. Necesita estar lleno de energía para experimentar una alta frecuencia. Si su energía se agota, experimentará vibraciones bajas y, como resultado, su cuerpo mental, espiritual y físico se verán afectados.

Como persona empática, corre el riesgo de que su energía sea agotada principalmente por vampiros energéticos. Por lo tanto, debe dominar las vibraciones para que no sea afectado por la experiencia negativa que viene con las bajas frecuencias, como estancamiento, letargo, negatividad y complicaciones de salud. También necesita tener una vibración más alta para estar completo y disfrutar de su vida al máximo.

Los siguientes son algunos consejos que puede seguir para aumentar su frecuencia:

Alejarse de amigos tóxicos

Se dice que somos el promedio de las cinco personas con las que pasamos la mayor parte del tiempo. Siguiendo esta premisa, podemos deducir que pasar tiempo con personas positivas nos convertirá en una persona positiva, así como pasar tiempo con personas negativas nos convierte en una persona negativa. Aprenda a reconocer a las personas con personalidades tóxicas en sus círculos sociales y procure alejarse de ellas antes de absorber su carácter. Al eliminar a las personas negativas de su vida, tendrá la oportunidad de acumular la energía que necesita para desarrollarse. Su negatividad le habría impedido tomar decisiones satisfactorias.

Depurar su cuerpo

Es fácil envenenar a nuestros cuerpos a través de lo que consumimos. Si no vigila su dieta, podría acumular sustancias nocivas en su cuerpo muy fácilmente, lo que podría tener consecuencias desagradables. Para elevar su vibración, debe conservar un cuerpo limpio y sano. Primero, elimine las toxinas, y continúe, observando lo que come. Existen diversas formas de eliminar las toxinas de su cuerpo, y deberá encontrar la que más le favorezca. Algunos métodos requerirán orientación profesional y otros se pueden hacer por su cuenta. Para mantener el nivel de toxinas al mínimo, asegúrese de seguir una dieta balanceada y consuma muchas frutas y verduras.

Ejercitarse

Las personas que hacen ejercicio de manera regular tienen una condición física considerablemente mejor que las personas que no hacen ejercicio en absoluto. Como persona empática, necesita tener la fuerza mental y emocional para visualizar una membrana protectora a su alrededor para que los vampiros no agoten su energía. El ejercicio mejora la salud del corazón y ayuda a su cuerpo a realizar varias funciones de manera óptima. Si comienza a hacer ejercicio con regularidad, las células de su cuerpo se volverán fuertes y tendrá más energía para dedicarse a sus actividades diarias. Es mucho más probable que logre sus objetivos de vida con un cuerpo sano que cuando su salud está fallando.

Meditar

La meditación es otra gran manera de elevar su vibración. Es un excelente método para liberar la tensión y calmar el ruido en su mente. Al eliminar el ruido de su mente, se encuentra en una mejor condición para tomar decisiones y salir adelante. La meditación mejora tanto el estado emocional como el físico de una persona. Cuanto más firme emocionalmente esté, más posibilidades tendrá de alcanzar el éxito.

Escribir un diario

Escribir sus pensamientos es una forma subestimada de elevar su vibración. Al expresar sus pensamientos en el papel, tendrá la oportunidad de curarse de las experiencias preocupantes por las que ha pasado. Un diario tiene un efecto terapéutico. Más importante aún, le ayudará a notar el patrón de su consumo de energía. Por ejemplo, si su energía se agota alrededor de ciertas personas, lugares o períodos particulares, lo sabrá. Tendrá una idea de cómo se relaciona con diversos factores externos. Esta conciencia puede ayudarle a tomar decisiones conscientes para aliviar su sufrimiento y promover el bienestar.

Ser amable y generoso

Algunas personas parecen igualar su amabilidad o generosidad con la capacidad de una persona para desembolsar dinero. En realidad, el recurso más grande que podría ofrecer es su tiempo y afecto. Aprenda a extender una mano de ayuda a los necesitados. Si hace que la vida de otras personas sea fácil, tendrá un sentido de orgullo y aumentará su entusiasmo por la vida. Al estar en un excelente estado emocional, es menos probable caer en la negatividad y otras complicaciones desagradables relacionadas con las bajas vibraciones. Adquiera el hábito de practicar la bondad, y de esta manera mejorará su estado emocional.

Cuidar el alimento de su mente

Si alimenta su mente con negatividad, disminuirá su vibración, y si alimenta su mente con positividad, elevará su vibración. Vigile cautelosamente los tipos de medios a los que se expone. Por ejemplo, no desarrolle el hábito de ver programas de televisión que promuevan la violencia. Para una persona empática, observar la violencia agotaría su energía y le haría funcionar a baja frecuencia. En esta era de Internet, los medios de comunicación violentos y deshumanizantes están a solo unos clics de distancia, y es mejor que intente evitarlos.

Música

La música es una gran manera de aumentar su frecuencia. Al escuchar música suave, puede alejar sus preocupaciones y renovar su espíritu. Evidentemente, usted deberá escuchar música que sea positiva o del tipo que satisface su idea de entretenimiento. Si su energía se ha agotado como resultado de mezclarse con vampiros energéticos, aumente su vibración al escuchar música positiva. La música elevará sus niveles de energía. Al sentirse renovado, se encontrará en el mejor momento para hacer frente a la vida.

Capítulo 8: Características de las Personas Altamente Sensibles

Una persona altamente sensible posee un procesamiento cognitivo intenso hacia estímulos emocionales, mentales y físicos. Esto les hace reaccionar a las situaciones de diferentes maneras que las personas bien adaptadas. Los siguientes son algunos rasgos que presentan las personas altamente sensibles:

Abrumarse fácilmente

Una persona altamente sensible es fácilmente abrumada por diferentes estímulos. Por ejemplo, no pueden soportar quedarse en entornos con demasiado ruido o poca luz. Son sensibles al ruido y a las luces intensas. A las personas sensibles les gusta establecer familiaridad con las cosas antes de que empiecen a usarlas de manera habitual. Esto les hace parecer extraños frente a otras personas bien adaptadas.

Tomarse demasiado tiempo para completar sus deberes

Para una persona sensible puede ser una verdadera pesadilla completar una tarea dentro de un tiempo limitado. A las personas sensibles les gusta tomarse su tiempo cuando realizan sus actividades. Su actividad mental es vigorosa. Sus pensamientos se disparan de una docena de formas, y les resulta difícil conciliar el hecho de que tienen que entregar resultados perfectos y el tiempo es limitado. Las personas sensibles apenas pueden actuar cuando están sometidas a mucha presión. Por esta razón, destacan tanto en las carreras artísticas como en el diseño, en las carreras de alta presión y el periodismo.

Disfrutan estando solos

A la persona promedio le gusta mezclarse con otras personas para no sentirse solo. Sin embargo, una persona sensible prefiere estar sola. Esto no significa que cierren los lazos humanos por completo. Podrían tener un pequeño grupo de amigos para sus necesidades de socialización. A las personas sensibles les gusta retirarse a la soledad porque se agotan cuando pasan tiempo con otros. Pueden percibir los pensamientos y las energías de las otras personas que les rodean y, de hecho, absorber sus energías. Su capacidad para absorber las energías de otras personas les obliga a aislarse para que no tengan que pasar nuevamente por lo mismo.

Extremadamente observador

La persona promedio solo observa lo evidente. Por ejemplo, cuando una persona promedio entra en la oficina de su jefe, puede que solo se fije en su estilo de vestir. Sin embargo, una persona sensible profundizaría en las sutilezas. Notarían el color de la ropa, el tipo de zapatos, el ángulo de sus ojos, su aroma, etc. Las personas sensibles tienen habilidades de observación astutas. Son los primeros en notar una anomalía o una desviación de la norma.

No poder trabajar al estar exaltados

Una persona sensible debe superar su exaltación antes de poder funcionar de manera normal. Por ejemplo, si reciben noticias extremadamente felices, se ven obligados a dejar de hacer lo que están haciendo y concentrarse en celebrar. Solo pueden regresar a trabajar una vez que hayan superado las emocionantes noticias. Si una persona sensible se viera obligada a trabajar mientras estaba en estado de exaltación, seguramente no se desempeñaría de manera adecuada. Para minimizar lo anterior, las personas sensibles tienen que deshacerse de las cosas que pueden estimularles cuando necesitan estar enfocadas.

Pueden leer la mente y el estado de ánimo de otras personas

La persona promedio y bien adaptada, difícilmente puede leer la mente de otras personas, pero una persona sensible solo tendría que mirar a una persona para poder leer su mente. Esta especial habilidad les ayuda a anticipar lo que otras personas están por decir o hacer, y en la mayoría de los casos tienen razón. Las personas sensibles son muy intuitivas y confían en este don para detectar las vibraciones de quienes les rodean. Por lo tanto, pueden leer no solo la mente de otras personas, sino también sus estados de ánimo.

Muy imaginativos

Una persona sensible tiene un sentido infantil de maravilla dentro de ellos. Siempre están estudiando minuciosamente las cosas en su mente. Dependiendo de la riqueza de sus emociones, una persona sensible posee una vasta imaginación que utiliza cuando la necesita. Es mucho más probable que una persona sensible encuentre una solución creativa para un problema que una persona no sensible. Su creatividad les hace aptos para desarrollarse en las artes. Tienden a crecer donde no hay reglas convencionales, y tienen permiso para expresarse según lo dicte su imaginación.

Muy filosóficos

Las personas sensibles tienden a hacer preguntas profundas, filosóficas. El mundo presenta este gran misterio, y tienen que tratar de entender el mundo a través de una perspectiva filosófica. Una persona sensible tendrá preguntas, por ejemplo, ¿de dónde provienen los humanos? ¿Por qué estamos aquí? ¿Cuál es nuestro destino? Su mente filosófica se extiende desde el deseo de encontrar respuestas sobre la existencia humana a todos los demás aspectos de la vida. Pueden tener una filosofía que toca la sexualidad, la sociedad y el sistema educativo. Las personas sensibles también tienden a leer mucho en un intento de explicar sus preguntas sin respuesta.

Comprender las emociones humanas mejor que otras personas

Las emociones humanas pueden ser bastante confusas. La persona promedio puede no ser capaz de entender sus propias emociones o las emociones de otras personas. No importa cómo se desarrollen estas emociones; es posible que no comprenda del todo la profundidad o la naturaleza de las emociones de una persona. Sin embargo, cuando se trata de una persona sensible, son excelentes para descifrar los sentimientos precisos de los demás. A veces, ni siquiera es necesario que se lo digan, ya que pueden deducir por sí mismos simplemente observando lo que la persona en cuestión ha pasado. Por ejemplo, si los padres de alguien han sido asesinados, la persona evidentemente se pondrá de luto. Sin embargo, una persona sensible puede percibir con precisión cuán devastada se siente esa persona.

Pueden quedarse quietos durante periodos prolongados

Una persona sensible puede permanecer quieta por un período prolongado de tiempo siempre que no haya distracciones. Esta habilidad les permite estar increíblemente enfocados cuando realizan una actividad. Pero entonces no necesariamente tienen que estar trabajando. Pueden sentarse en un asiento y permanecer inmóviles durante un largo período de tiempo sin participar en ninguna actividad en absoluto. Esto es difícil para la persona promedio considerando que necesita contacto humano de manera constante.

Capítulo 9: Tipos de Vampiros Energéticos

Vampiro víctima

El vampiro víctima es el tipo de persona que piensa que está a merced del mundo. Tienen una larga lista de personas que "les hicieron mal", y creen que, si no fuera por estas personas, sus vidas hubieran sido mejores. Consideran que todos están tramando algo contra ellos. Al entrar en contacto con un vampiro víctima, harán que parezca que sus acciones o palabras han afectado sus vidas. Le harán sentir como si usted fuera el villano.

Vampiro inocente

No todos los vampiros energéticos son personas maliciosas. Algunos pueden ser personas que son importantes para usted. En la mayoría de los casos, son personas que tienen razones válidas para depender de usted. Por ejemplo, si su cónyuge sufre un accidente y tiene que confiar en usted, o su hermano menor no ha dejado de sentirse necesitado, o sus padres siempre están vigilándole. Está bien ayudar a estas personas con lo que le pidan, pero al mismo tiempo, debe establecer planes para asegurarse de que se vuelvan autosuficientes tan pronto como sea humanamente posible.

Vampiro narcisista

Un narcisista no puede mostrar empatía. Tienden a acercarse usando una máscara, una identidad falsa, y al bajar la guardia, su verdadera naturaleza sale a la luz. Un narcisista solo se preocupa por sus propias necesidades. No se detendrán ante nada para asegurarse de que han obtenido lo que quisieran de usted. Un narcisista se enorgullece cada vez que se encuentra con una persona empática porque sabe que son fáciles de aprovechar. Absorberán su energía, gracias a su naturaleza parasitaria. Una vez que un narcisista haya concluido con su objetivo, se librarán de usted.

Vampiro dominador

Este tipo de vampiro trata de involucrarse en todos los aspectos de su vida siendo dominante. Quieren influir hasta en el más mínimo detalle. Al dejarlos de lado en cualquier decisión que tome, actuarán molestos con usted. Su intenso deseo de dominar a los demás proviene de un punto de inseguridad. Tienen miedo de ser vistos como débiles. Las personas empáticas son blancos fáciles debido a su naturaleza sensible. Un vampiro dominador le hará sentir sofocado con su presencia y un deseo infinito de ser el arquitecto de su vida, y por esta razón, absorberán su energía.

Vampiro melodramático

Los vampiros melodramáticos son excelentes para crear dramas. Le harán involucrarse en problemas que podrían haberse evitado fácilmente al observar las reglas básicas de la decencia. Podrían estar divirtiéndose, y luego comenzarán una pelea con alguien al azar y le expondrán al peligro. Lo que realmente ocurre con un vampiro melodramático es que se sienten vacíos en su interior. No tienen ninguna razón por la que vivir y, por lo tanto, crear drama se convierte en su segunda naturaleza. Los vampiros melodramáticos son muy determinados, pero si desea deshacerse de ellos, deberá ser particularmente desconsiderado.

Vampiro crítico

Este tipo de vampiros se desarrollan al emitir juicios sobre todo lo que hacemos. Tienen la intención de hacerle sentir mal por sus decisiones o acciones. Por ejemplo, si compra un regalo para un ser querido, el vampiro crítico puede difundir rumores maliciosos sobre la necesidad de comprar el amor. Tienen la intención de empañar su reputación y hacerle parecer malvado. Las personas empáticas son sensibles, y cuando alguien juzga sus hechos, se sienten decepcionados. Deben mantenerse alejados de las personas que los juzgan para evitar que sus sentimientos sean lastimados y, por ende, sufrir una pérdida de energía.

Vampiro acusador

El vampiro acusador nunca puede aceptar la responsabilidad por las cosas que están mal en su vida. Por ejemplo, si acompaña a un amigo a postularse para la universidad y su solicitud falla, y luego le culpa por hacer que su solicitud no haya sido aceptada, ciertamente es un vampiro acusador. Este tipo de vampiros se niegan a hacerse cargo de su propia vida y buscan a alguien a quien culpar por lo que está mal en su vida. Un vampiro acusador no hará las cosas solo. Delegan trabajo a sus víctimas. Si las cosas marchan mal, muestran la tarjeta de culpa, pero si su plan se desarrolla, disfrutarán su victoria.

Vampiro celoso

El vampiro celoso nunca se alegrará por nadie. Tampoco se conforman con eso. Intentarán lastimar a cualquiera que consideren que les va mejor que a ellos. La persona celosa tratará de idear un plan para hacerle daño a otra persona, para dejarla devastada. Por ejemplo, si logra que alguien se convierta en su pareja, podría ponerse en contacto con ellos, decir algunas cosas falsas y acabar manchando su nombre, haciendo que su pareja le vea de manera sospechosa. El vampiro celoso disfruta viendo sufrir a la gente.

Vampiro resentido

No solo es agotador estar cerca de este tipo de personas, sino que también es realmente molesto. Cuando se enfrentan con el menor desafío, su reacción instintiva es lloriquear y quejarse al respecto, en lugar de tomar acciones útiles. Al permanecer cerca de una persona que está quejándose eternamente, su negatividad eventualmente se acerca y hace que sus vibraciones bajen. Este tipo de vampiros pretender influenciar para que desarrolle pensamientos negativos y reprimir su capacidad de progresar. Las personas empáticas deben tener en cuenta la presencia de este tipo de personas y eliminarlas de su vida.

Vampiros inseguros

Algunas personas son tan inseguras sobre sí mismas que terminan convirtiéndose en vampiros energéticos. El problema de ser inseguro es que nos hace buscar formas de sobre compensar. Por ejemplo, si un hombre de estatura baja es inseguro acerca de su altura, podría desarrollar un extraño hábito para parecer más alto. Se enfrentaría a un duro intento y este comportamiento le impedirá tener interacciones normales con otras personas. Cuando una persona proyecta demasiada inseguridad, otras personas tienden a desconfiar de ella. Esto provoca conflictos a nivel emocional y astral.

Capítulo 10: Cómo Detectar y Protegerse de los Vampiros Energéticos

¿Alguna vez ha estado en algún lugar sintiéndose lleno de energía y después de pasar un tiempo en ese lugar, se ha sentido agotado? ¿O alguna vez ha conocido a alguien y después de pasar tiempo con esa persona, sintió una pérdida de energía? Ambas situaciones apuntan a un encuentro con un vampiro energético. La mayoría de ellos solo están interesados en sus propios deseos, carecen de empatía y son demasiado inmaduros. Un vampiro energético le provocará sentirse agotado, irritado y abrumado. Puede ser cualquier persona: amigos, familia, compañeros de trabajo, etc. Una vez que detecte que alguien es un vampiro energético, lo más recomendable es apartarlo de su vida. Deshacerse de esa persona no es un acto egoísta; es un acto de auto protección. Las vibraciones de los vampiros energéticos son excesivamente bajas. Como estrategia de afrontamiento, necesitan absorber la energía de otros a través de las siguientes formas:

o **Chismorreo**: Un vampiro energético sabe que la gente quiere escuchar una buena historia. Entonces, dicen algo en un intento de ganar la atención de su víctima. Recurren a decir mentiras sobre otras personas. Si un vampiro energético habla de otras personas, puede estar seguro de que también hablarán de usted con otras personas. También inician conflictos entre las partes al decirle a cada lado noticias opuestas.

o **Manipulación**: Un vampiro energético es un maestro manipulador. Antes de acercarse a alguien, ya tienen un guion preparado y han ensayado cómo aprovecharse de esa persona. No sienten remordimiento por manipular a las personas para que cumplan sus órdenes, ya que su capacidad de empatía es increíblemente limitada. Los vampiros energéticos obtienen un alto nivel de manipulación de las personas y se salen con la suya.

o **Quejas**: No existe nadie más "herido" en el mundo entero. Un vampiro energético cree que el mundo está en su contra. Pueden aprovecharse de alguien y, sin embargo, encontrar una manera de cambiar la historia para que parezcan ser las víctimas. Un vampiro energético es excelente para inventar historias, y tienen la experiencia de hacerse pasar por víctimas. Debido a este hábito de quejarse constantemente, tienden a estar desmotivados en su trabajo, sabiendo que pueden encontrar algo de lo cual quejarse o alguien a quien culpar.

o **Gran ego**: Un vampiro energético posee un ego masivo, acompañado con delirios de grandeza. Se fijan metas extremadamente ambiciosas. Los objetivos no son realistas porque carecen de los medios para alcanzarlos. Su ego masivo también se manifiesta en cómo tratan a otras personas. Piensan que son personas especiales y están por encima de todos los demás. Por lo tanto, actúan de forma determinada y esperan que todos se inclinen ante ellos. Cuando un vampiro energético entra en su vida, normalmente tendrán el objetivo de arrebatarle algo, antes de pasar a la siguiente víctima.

o **Irresponsabilidad**: Un vampiro energético casi nunca se hará responsable de nada. Quieren cosas fáciles y detestan la responsabilidad. Debido a esto, los vampiros energéticos son los peores candidatos para cumplir cualquier tarea seria. Por lo general le decepcionarán. Si tiene que confiar en un vampiro energético para completar una tarea, se frustrará con su desempeño mediocre y su falta de voluntad para ser responsable. Los vampiros energéticos desarrollarán rechazo hacia cualquiera que espere que sean responsables, pero al tratarse del caso contrario, son extremadamente despiadados.

o **Desatender las necesidades de sus dependientes:** Los vampiros energéticos únicamente están interesados en sus propias necesidades y en los que dependen de cualquiera que dependa de ellas. Por ejemplo, si el vampiro energético en cuestión tiene una familia, puede gastar sus ganancias en cosas vanas como el sexo y el alcohol a costa de su familia. Las personas que dependen de un vampiro energético llevan vidas muy complicadas debido a la crueldad y la humillación que el vampiro energético les impone. La mayoría de las veces, los niños criados por vampiros energéticos se convierten en inadaptados sociales porque no han conocido más que el dolor durante toda su vida.

Cuando un vampiro energético está cerca de usted se sentirá incómodo y pronto sus niveles de energía disminuirán considerablemente. Las siguientes son algunas cosas que ocurren al ser atacado por un vampiro de energía:

o **Náuseas**: Después de interactuar con un vampiro energético puede sentir náuseas. Esta sensación puede ir acompañada de dolor de estómago. Esto sucede porque su cuerpo está pasando por mucho estrés debido a la pérdida de energía. Una vez que se deshaga de la energía del vampiro, tanto la náusea como el dolor de estómago desaparecerán.

o **Dolor de cabeza**: Un vampiro energético también le hará experimentar un insoportable dolor de cabeza. Una vez que los niveles de energía se reducen, no hay suficiente energía para su cerebro. El cerebro reacciona al tratar de crear conciencia de que el cuerpo se ha quedado sin azúcares. El cerebro consume una parte significativa de la energía total de una persona, y si la energía sufre una pérdida, la capacidad de una persona para usar sus facultades mentales se ve gravemente afectada.

Una vez que detecta que cierta persona es un vampiro energético, el último remedio es alejar a esa persona de su vida. Sin embargo, en algunos casos, tiene que conservarlos porque juegan un papel indispensable en su vida. Los siguientes son consejos para ayudarle a enfrentar ataques de vampiros energéticos:

o **Establecer límites**: Hacerle saber a la persona que tiene límites que no se deben cruzar. Esto limita el tiempo que tiene para pasar en compañía de un vampiro energético.

o **Recitar mantras positivos**: Los mantras son frases cortas que se repiten una y otra vez con la intención de reafirmar una creencia particular. Usted puede crear más energía positiva recitando mantras.

o **Visualización**: Usando su visión interior, visualice una membrana de luz alrededor de su cuerpo, protegiendo su energía contra cualquier pérdida. Esto reducirá considerablemente la cantidad de energía perdida a causa del vampiro.

Capítulo 11: Cómo Dejar de Absorber la Energía de Otras Personas

Tener la capacidad de absorber la energía de otras personas sería excelente si viviéramos en Utopía. Lamentablemente, vivimos en la Tierra, y la mayoría de las personas albergan más energía negativa que positiva. Al estar cerca de las personas, se sentirá negativo, no porque lo sea, sino porque ha captado su energía. Evidentemente, usted necesita superar esta condición. Los siguientes son algunos consejos para ayudarle a dejar de absorber la energía de otras personas:

Alejarse

Alejarse no es tan fácil como parece. Primero, debe separar sus propias emociones de las de los demás. Una persona empática tiende a pensar erróneamente que tienen pensamientos negativos, cuando en realidad se trata de la energía que el vampiro energético canaliza, y en el momento en que se dan cuenta, el daño ya está hecho. Entonces, es necesario perfeccionar su capacidad para detectar un vampiro energético de manera inmediata y alejarse de él cuanto antes. Al alejarse, no tendrá más pérdidas de energía.

Meditar

Meditar es una manera perfecta de aumentar su estado de vitalidad. Le ayuda a renovar su mente y le proporciona una mayor cantidad de energía. Cuanto más medite, más fortalece su estado mental y espiritual. Eventualmente, se vuelve experto y adquiere ciertos poderes mentales que son ajenos a las personas normales. Para maximizar la efectividad de la meditación, debe llevarla a cabo en el mejor ambiente. El mejor lugar para realizar la meditación es un área serena y no contaminada. Respire hondo y exhale de manera premeditada. Concéntrese en eliminar el ruido en su mente y aumentar su autoconciencia.

Lidiar con sus problemas sin resolver

Si tiene algún problema sin resolver, hágase cargo de ello. Puede aprender sobre sus problemas no resueltos a través de la introspección. Al resolver todos sus problemas, elimina posibles obstáculos emocionales. Los vampiros energéticos utilizan la táctica de los ataques sorpresa. Sin embargo, cuando resuelve todos sus problemas o al menos toma nota mental de resolverlos, se volverá firme y será menos susceptible a ser atacado por vampiros energéticos. Sus problemas no resueltos pueden afectar a sus amigos, familiares e incluso a sus compañeros de trabajo.

Mantenerse alejado de las drogas

El abuso de drogas es uno de los obstáculos de ser una persona empática. En las primeras etapas, una persona empática no tendrá conocimiento de su capacidad para absorber las energías de otras personas. Entonces, terminan confundiendo la negatividad de otras personas con la propia. Se sienten en conflicto porque no pueden explicar la naturaleza volátil de sus emociones. Por lo tanto, recurren al alcohol para reprimir su dolor, pero el alcohol solo empeora el problema. El alcohol puede parecer una solución, considerando que les hace olvidar sus problemas, pero solo de manera momentánea. Las energías de otras personas seguirán regresando, más fuertes que nunca, y se necesitará más alcohol para suprimir esas emociones. Se convierte en una pequeña trampa. No abuse de las drogas pensando que le ayudarán a ahuyentar sus intensas emociones. El alcohol no le ayudará a resolverlo, pero aún peor es el hecho de que adquirirá más desafíos para superar, es decir, la adicción.

Mantenerse ocupado

Para evitar ser atacados por vampiros energéticos, asegúrese de mantenerse ocupado. Puede lograrlo al enfocarse en perseguir sus sueños. En realidad, cuanto más tiempo pase persiguiendo sus sueños, menos posibilidades tendrán los vampiros de atacar. Sin embargo, cuanto más tiempo pierda haciendo actividades inútiles o persiguiendo cosas vanas, más posibilidades tienen de atacar. Mantenerse firme en su propósito no significa que ya no será atacado por los vampiros energéticos, pero se mantendrán alejados de su radar. Recuerde: un vampiro energético puede ser cualquier persona, incluso su compañero de trabajo.

Mantenerse firme

Una persona firme tiene un sentido de dirección. Reconocen lo que quieren y persiguen activamente sus metas. Una persona que no tenga los pies en la tierra es indecisa y no tiene dirección. Son muy susceptibles a los trucos de los vampiros energéticos. Por ejemplo, si un vampiro energético en la forma de un hombre mayor se acerca a una joven indecisa y le promete la luna a cambio de favores sexuales, la joven podría ceder. Esto se deriva de no saber lo que espera de la vida y entonces persigue cosas vanas.

Dejar ir la necesidad de ser aceptado

La mayoría de las personas empáticas se encuentran atrapadas en un ciclo de negatividad debido a su intensa necesidad de encajar y sentirse aceptadas. Debe comprender que usted es muy diferente de la mayoría de las personas. Es bueno encajar y encontrar un círculo social que le brinde un sentido de pertenencia, por lo contrario, si no encuentra personas que le comprendan, está bien sobresalir. Si no cumple con los estándares sociales, use su estatus como una insignia de honor, en lugar de avergonzarse. Esto hará que las personas se inclinen hacia usted y decidan aceptarle, independientemente de sus cualidades diferentes.

Aprender a ser asertivo

Uno de los mejores consejos para dejar de absorber las energías de otras personas es decir lo que piensa. No tenga miedo de que las personas le consideren insoportable. Si reprime sus emociones, absorberá no solo la energía de otras personas, sino que también se resentirá. Ser asertivo tiene que ver con expresar sus necesidades y también respetar las necesidades de otras personas.

Protegerse a sí mismo

Algunos sanadores atienden el problema de desterrar a los vampiros energéticos. Algunos de ellos utilizan mezclas, y otros fomentan el uso de escudos de energía. Al protegerse a través de un escudo energético, debe visualizar una luz rodeando su cuerpo para que su energía no salga de usted ni tampoco deje entrar las energías de otras personas. La luz forma una capa protectora a su alrededor.

Capítulo 12: Estrategias de Afrontamiento para Personas Altamente Sensibles

Las siguientes son algunas estrategias que las personas altamente sensibles pueden utilizar para hacer frente a sus dificultades:

Crear una rutina

Como persona empática, es propenso a desviarse de sus planes porque siente diferentes emociones dependiendo de dónde esté o de qué hora sea. Una de las formas en que puede lidiar con este problema es creando una rutina. Planifique una rutina que le informe de cada una de sus actividades. Por ejemplo, tener una rutina nocturna y matutina. De esta manera, no tendrá problemas para averiguar qué hacer durante la noche o la mañana. Su rutina debe ser flexible y dar espacio para todas las actividades que son importantes para su nutrición física y espiritual. Al establecer una rutina, los vampiros energéticos tendrán menos oportunidades de irrumpir en su vida y tratar de tomar ventaja en ella.

Sueño adecuado

Dormir adecuadamente no solo es excelente para mantener alejados a los vampiros energéticos, sino que también mejora la calidad de vida. Los científicos afirman que debemos dormir por lo menos seis horas todos los días para que nuestro cuerpo funcione de manera normal. Si duerme lo suficiente, se sentirá estable. Sin embargo, si no duerme lo suficiente, puede sentir nerviosismo y no estará en condiciones de tomar las decisiones correctas. El sueño ayuda a fortalecer las células de su cuerpo. Cuanto más duerma, se fortalecerá su cuerpo físico y mental, y le ayudará a combatir los ataques de los vampiros energéticos.

Mejorar su autoestima

Si su autoestima es baja, los vampiros energéticos serán atraídos hacia usted como si estuvieran magnetizados. Los vampiros energéticos pueden detectar la baja autoestima. Sus modales y su forma de hablar son un regalo para el nivel de su autoestima. Aprenda a mostrar gestos y lenguaje corporal firmes para que pueda enviar el mensaje de que su autoestima es alta y no tiene miedo de defender sus derechos. Cuando mejore su autoestima, no solo se protegerá de los vampiros energéticos, sino que también aumentará la calidad de su vida en general.

Recibir un masaje

Absorber las emociones de otras personas nunca es algo agradable. De hecho, cuando una persona empática absorbe demasiada energía del mundo exterior, puede provocar una fusión. Puede calmar sus poderosas emociones al recibir un masaje. Al albergar todas esas emociones, también puede resultar en partes del cuerpo obstruidas. Se necesitaría un masaje para eliminar la obstrucción y restaurar el cuerpo a su estado de funcionamiento adecuado. Los masajes también ayudan a despejar el ruido de su mente. Brindan una sensación de calma y ayudan a tener claridad en su pensamiento. Tener una mente fuerte es fundamental en la lucha contra los vampiros energéticos.

Escuchar buena música

Otra excelente manera de reducir el efecto abrumador de las emociones que alberga en su interior es a través de la música. La música ayuda a reducir las malas emociones y promueve una mente sana. Sin embargo, debe tener precaución con la elección de la música. La música mezclada con letras negativas le afectará negativamente. Pero la música que promueve la positividad le hará sentir positivo. De hecho, es recomendable escuchar música durante los momentos en que se sienta abrumado por las emociones de los demás e incluso en los momentos en que se siente bien. Escuchar música también le ayudará a mantenerse enfocado en las cosas que realmente importan.

Tener un tiempo a solas

Las personas empáticas deben alejarse de la multitud, para no sufrir pérdidas de energía. No hay nada malo en tener un tiempo para sí mismo. La sociedad podría decirle que no es correcto quedarse solo, pero una persona empática debe alejarse de las personas para renovar su energía. Pasar tiempo a solas no solo le ayudará a recargar sus niveles de energía, sino que también le dará tiempo para reflexionar sobre su vida. Al obtener el hábito de apartarse para hacer un balance en su vida, le inspira a tomar medidas que le ayudarán a convertirse en una mejor persona. Usted está en una posición sensible para notar los vacíos que deben ser cerrados, y también aumenta su creatividad.

Mejorar su alimentación

Diversos estudios han demostrado que existe una relación directa entre los alimentos que consumimos y nuestro estado de ánimo. Si consumimos alimentos poco saludables, es probable que proyectemos negatividad, y si consumimos alimentos saludables, es probable que nos sintamos positivos. Los alimentos poco saludables promueven el aumento de peso y hacen que tengamos problemas con la imagen corporal, mientras que los alimentos saludables nos ayudan a lograr cuerpos sanos y, por lo tanto, aumentan nuestra confianza. Es recomendable enfocarse en tener una dieta saludable para que su mente pueda tener suficientes recursos para combatir la negatividad y protegerle de los ataques de los vampiros energéticos.

Tomar un descanso

Ningún otro grupo de personas entiende la importancia de tomarse un descanso mejor que los comediantes. Tomar un descanso no es lo mismo que renunciar a sus sueños. Es solo una admisión de que está a punto de quedarse sin energía (o recursos) y necesita tomarse un tiempo libre para poder renovarse. Cualquiera que sea su trabajo, puede beneficiarse de tomar un descanso. Esto le ayudará a descargar toda la carga emocional en su interior y a mirar la vida con una nueva perspectiva. Por ejemplo, si trabaja en el sector médico, puede ser agotador ser testigo de las personas enfermas durante mucho tiempo. Las emociones se acumulan en su mente y puede recordar el aspecto de agonía en las caras de los pacientes. Cuando se toma un descanso, puede deshacerse de esas emociones para empezar de cero cuando regrese al trabajo.

Practicar la concentración

Es importante comprender que lo que importa más que cualquier otra cosa es la vida que tiene actualmente. Sí, el futuro importa, pero el presente importa aún más. Aprenda a llevar sus sentidos al presente y disfrutar cada momento. Al enfocarse en el presente, se olvida de las ansiedades y preocupaciones del futuro.

Capítulo 13: Elementos que Requieren las Personas Altamente Sensibles

Las siguientes son algunos elementos que las personas altamente sensibles requieren para llevar una mejor calidad de vida:

Relaciones significativas

Es cierto que nadie es una isla. Una persona empática necesitará un compañero para sentirse completo. Sin embargo, no existe un grupo vasto de personas que atraigan a una persona empática. Esto no significa que tengan estándares demasiado altos. Solo pueden llevarse bien con personas que tienen ciertos rasgos y estén dispuestos a aceptarlos tal como son. Lamentablemente, la persona promedio es orgullosa e inflexible. Es difícil hacer de ella el tipo de persona que apreciaría a una persona empática. Encontrar a un compañero con el que pueden formar una relación significativa es un gran avance.

Espacio de descomprensión

Cuando una persona empática está en un lugar ruidoso o sometido a una actividad de alta presión, como una entrevista de trabajo, no puede esperar para refugiarse en una habitación tranquila y encerrarse. En el ámbito del hogar, debe existir un espacio en el que puedan retirarse cada vez que necesiten aumentar sus niveles de energía. Si no cuenta con recursos para crear ese espacio, podría retirarse y pasar tiempo en contacto con la naturaleza. Las personas empáticas tienen una conexión profunda con la naturaleza.

Habilidades de manejo de conflictos

Las personas empáticas tienen un lado muy sensible que hace que les resulte difícil enfrentarse a otra persona. Su naturaleza sensible los disuade de expresar sus necesidades o defender sus derechos. Por lo tanto, durante un conflicto, es probable que tengan complicaciones. Las personas empáticas necesitan desarrollar habilidades de manejo de conflictos para que otras personas no se aprovechen de ellos. El manejo de conflictos tiene que ver con desarrollar el nivel de comunicación correcto y conocer lo que quiere expresar. Por ejemplo, si está sentado en un restaurante, y luego un borracho se desvía del camino y choca su automóvil contra el restaurante, la persona empática no debería tener reparos en pedirle al borracho que se ocupe de los gastos de reparación. Si no maneja bien este conflicto, el borracho podría escapar sin tener que asumir la responsabilidad.

Tiempo suficiente

A las personas empáticas les gusta tomarse mucho tiempo para completar una tarea. No son del tipo que realiza actividades bajo presión. Tienden a tener una racha de perfeccionismo que exige que reduzcan la velocidad para asegurarse de que todo ha encajado. Al apresurarles, no estarán en posición de entregar resultados de alta calidad, e incluso pueden abandonar lo que estén haciendo. El truco es otorgarles poder. Hacerles saber que pueden tomarse el tiempo que deseen siempre que los resultados sean los esperados.

Alimentación saludable

La comida juega un papel importante en la calidad de nuestra vida. Si consumimos alimentos poco saludables, nuestra calidad de vida se deteriora, pero si consumimos alimentos saludables, nuestra calidad de vida se vuelve satisfactoria. Una persona empática debe asegurarse de seguir una dieta equilibrada. Una dieta balanceada consiste no solo de vitaminas y minerales importantes, sino también de frutas y verduras frescas. Es importante eliminar la comida chatarra, ya que los haría susceptibles a los ataques de los vampiros energéticos. El consumir este tipo de comida suprime sus poderes mentales, y se vuelve objetivo fácil para atraer a un vampiro energético que absorba su energía.

Minimalismo

Una persona empática no es necesariamente atraída por objetos brillantes. Aman las cosas simples pero elegantes. Requieren desarrollarse en un entorno minimalista. Un espacio minimalista es lo opuesto a la opulencia. Pueden tener los recursos para adquirir lujos sin medida, pero seguirán optando por los diseños minimalistas porque aprecian la simplicidad. Por ejemplo, una persona empática agradecería residir en una casa que esté equipada con lo básico y que no tenga excesos. Así mismo, tienden a atribuir valor sentimental a diversos objetos. Por ejemplo, una prenda de ropa o muebles que les recordarán a una persona especial, y ese objeto tendrá más valor para una persona empática de lo que puede comprar el dinero.

Personas consideradas

A la persona promedio le costaría entender a una persona empática, pero eso no significa que no pueda hacerlo. Es decir, nos encontramos con alguien que dice que puede absorber la energía de quienes interactúan con ellos. ¿Por dónde empezamos? Para la persona promedio, ese tipo de situación necesita un poco más de explicación. Las personas empáticas no tienen problemas para explicar sus habilidades únicas. Sin embargo, en el mismo contexto, las personas a su alrededor deben ser más comprensivas. Deben intentar llevarse bien con las personas empáticas sin imponerles reglas. Les hará sentir amados y apreciados, independientemente de sus extraordinarias capacidades.

Sentido

La vida de una persona empática debe tener un significado para que sientan que están al servicio de la humanidad. No importa cuánto dinero tengan en su cuenta bancaria. El hecho de que su vida no avance por el camino que habían imaginado, o que sientan que no pueden lograr sus objetivos, representa una fuente de inmenso dolor. Las personas empáticas necesitan identificar su camino y apegarse a él.

Estimulación sensorial

Como todos, las personas empáticas disfrutan los momentos divertidos y felices. Es muy gratificante recibir un relajante masaje, ver una película e involucrarse en actividades divertidas. A las personas empáticas les encanta ser estimuladas con felicidad. Renueva su mente y les ayuda a apreciar el lado divertido de la vida.

Amigos

No basta con encontrar personas que simplemente le comprendan; necesita rodearse de personas que sean su alma gemela. Las personas empáticas disfrutan de conocer a otros y formar amistades cercanas para que puedan ayudarse mutuamente. Los amigos le ayudarán a estabilizarse, elevar su espíritu y mantenerse enfocado mientras persigue sus objetivos.

Capítulo 14: Cómo Lidiar con Personas Difíciles Siendo una Persona Altamente Sensible

Como persona altamente sensible, muchas veces entrará en contacto con personas con las que es difícil tratar. Los siguientes son algunos consejos sobre cómo tratar a este tipo de personas:

Conservar la calma

Puede ser muy tentador atacar al enfrentarse con alguien que no está siendo razonable. Pero no ceda a esa tentación. En el momento en que explota, pierde su poder y esto provoca que el agresor se sienta importante. Debe mantener la calma para que pueda controlar la conversación. Por ejemplo, si resulta difícil trabajar con un cliente, no le grite; en cambio, conserve la calma y busque una solución. Gritarle a la gente solo les provocará mientras luchan por sus egos. Se necesita un alto nivel de madurez para conservar la calma cuando alguien está provocando una pelea. Sin embargo, en tales casos, debe desviar sus esfuerzos y, si es posible, pedir la intervención de una mayor influencia. Los agresores tienden a confundirse cuando sus trucos no parecen provocar la reacción que pretendían.

Ocuparse de sus asuntos

No es posible salvar al mundo. Algunas personas son intencionalmente complicadas como si quisieran averiguar quiénes son los más afectados por sus acciones. Si percibe a alguien que tiene la tendencia de querer poner a prueba la paciencia de otras personas, no debe darles la satisfacción de caer en su trampa. Mire hacia otro lado y continúe ocupándose de sus asuntos. Al darse cuenta de que no tiene ningún interés en sus juegos, dejarán de actuar. Siempre ocúpese de sus asuntos para no buscar problemas.

Establecer límites

Los límites son pautas que usted deberá establecer para otras personas y que expresan la forma permisible en que pueden comportarse con usted y cómo reaccionará si se cruzan dichos límites. Por ejemplo, si experimenta tensión en el trabajo, puede decirle a sus compañeros que apreciará que no le molesten una vez que comience a trabajar. Cuando se retire a su escritorio, deben mantenerse alejados y esperar a contactarle una vez que esté libre. Tener límites le ayudará a controlar cómo otras personas se comportarán con usted. Debe especificar términos claros con respecto a sus límites, y si alguien los cruza, asegúrese de imponer un castigo.

Aprender a observar el panorama

A veces estamos tan involucrados en nuestros propios intereses que olvidamos observar el panorama general. Esta actitud tiende a promover el conflicto en lugar de eliminarlo. Por ejemplo, si considera que sus padres no están siendo razonables, puede crear un conflicto. Por mucho que piense que sus padres solo quieren hacer que su vida sea complicada, piense en lo que ellos quieren para su futuro. Si sus planes son grandes, es fácil apreciar lo que están haciendo por usted en este momento.

Elegir sabiamente sus batallas

Necesita elegir sus batallas sabiamente. Existen algunas batallas en las que no tiene posibilidades de ganar; es consciente de ello. Por ejemplo, si trabaja para un jefe complicado, puede ser muy tentador tratar de luchar contra él. Pero considere el poder que ejerce su jefe. Puede despedirle del trabajo. Y entonces no tiene dónde luchar. Siempre elija las batallas que sabe que tiene posibilidades de ganar. Esto le ahorrará mucha frustración y también aumentará su racha ganadora.

Separar a la persona del problema

Es fácil caer en la trampa de pensar que otra persona le guarda rencor a usted. Sin embargo, al tomar las cosas de manera personal, pierde la capacidad de ser objetivo. Aprenda a separar el problema de la persona. Esto le permitirá tener una nueva perspectiva sobre sus asuntos. Cuando toma las cosas personalmente, no puede progresar, ya que solo estará interesado en vengarse. Ser objetivo es crítico. Le ayudará a articular el problema que tiene con otra persona y buscar la mejor forma de cómo resolverlo.

Tener sentido del humor

El secreto para superar los obstáculos es tomarlos con sentido del humor. Por ejemplo, si su compañero de vida toma una decisión que hiere sus sentimientos, no retroceda ni empiece a calcular cómo hacerle daño. En su lugar, comuníquese con sentido del humor y vea el lado divertido de lo que su pareja ha hecho. Tener sentido del humor le ayudará a superar los desafíos de la vida al aumentar su creatividad. Le permitirá tener una nueva perspectiva sobre sus circunstancias.

Pedir ayuda

¿Qué haría si un hombre que pesa 136 kilogramos le hiciera daño? Obviamente, no intentaría contraatacar si usted está débil físicamente. Pero podría presentar cargos contra esa persona. Existen sistemas y personas en su lugar para ayudarle a ponerse a la altura de las personas que le han perjudicado. Utilice estos sistemas en lugar de tomar los asuntos en sus propias manos. Si su compañero de vida le ha hecho daño, no hay necesidad de volverse violento; solo tiene que informar a las autoridades pertinentes. Al encontrarse con alguien que no sea razonable, en lugar de sufrir, busque a alguien que pueda ayudarle.

Obtener experiencia

Existen dos formas de ver sus problemas: como un castigo o como una experiencia de aprendizaje. Si considera que su problema es un castigo, tiene una mentalidad de víctima y no será capaz de convertirse en una mejor persona. Sin embargo, si ve su problema como una oportunidad para aprender, tendrá experiencia en detectar patrones que pueden causar problemas con los demás. Cuanta más experiencia tenga en el manejo de diferentes tipos de personas, menos problemas tendrá teniendo en cuenta que sabe cómo manejarlos. Cuando se encuentre en una situación difícil, y alguien le haga pasar por un momento complicado, intente aprender de su comportamiento.

Capítulo 15: Consejos de Salud para Personas Altamente Sensibles

Una persona altamente sensible es propensa a adquirir diversas enfermedades, especialmente las que afectan el sistema nervioso. Siempre que se sienta mal, es recomendable buscar atención médica. Los siguientes son algunos consejos para asegurarse de tener una salud plena:

Dieta balanceada

Los beneficios de una dieta equilibrada son innumerables. Si incorpora en su dieta alimentos que suministren todos los elementos vitales, su cuerpo estará saludable. Su cerebro se volverá poderoso gracias a que sus células cerebrales estarán fortalecidas, su sistema digestivo funcionará de manera óptima y su piel adquirirá un brillo saludable. Una dieta saludable también refuerza el sistema inmunológico. Por lo tanto, las enfermedades y las infecciones se mantendrán alejadas. Si desea disfrutar de los beneficios de una dieta balanceada, debe incluirla como parte de su estilo de vida en lugar de practicar durante un tiempo y luego abandonarla. Notará que comer alimentos saludables lo alentará a preparar comidas en casa en lugar de comer afuera, y este hábito le ahorrará dinero.

Comer regularmente

Así como es importante seguir una dieta balanceada, es igual de importante comer regularmente. Uno de los errores que cometen las personas es consumir una gran cantidad de alimentos de una sola vez. Esto causa una sobrecarga en sus intestinos y retrasa las actividades fisiológicas de su cuerpo. Sin embargo, si distribuye sus comidas, obtendrá lo mejor de ambos. Cumplirá con la necesidad de su cuerpo de un suministro constante de energía. Espaciar sus comidas también le alienta a tener suficiente comida. No deberá comer en exceso y tampoco comer poco.

Mantenerse hidratado

Mantenerse hidratado es otro excelente consejo para optimizar su salud. El agua le ayudará a aumentar tanto sus niveles de energía como su función cerebral. Cuanto más hidratado esté, mayor será su capacidad para funcionar físicamente. El agua es fundamental para aliviar las complicaciones relacionadas con el sistema digestivo. Debe asegurarse de consumir suficiente agua todos los días para protegerse contra las infecciones, fortalecer las actividades fisiológicas de su cuerpo y aumentar el rendimiento de las células. De acuerdo con las recomendaciones, es importante beber varios vasos de agua pura todos los días, así como atender su sed tan pronto como comience.

Utilizar su grupo de apoyo

La importancia de los amigos no puede ser sobrestimada. Muchas veces, pasará por experiencias que le desmoralizarán, pero si tiene amigos con quienes compartir esas experiencias, aumentará sus probabilidades de salir intacto. Los amigos tienen un rol importante para nuestra salud mental. Además, tienen un papel vital en la mejora de nuestro estado. Si pierde su trabajo, puede contar con el apoyo de sus amigos para poder conseguir otro trabajo. Sin embargo, si no tiene un grupo de apoyo, se expone a muchos ataques. Idealmente, su grupo de apoyo debería ser gente con la que tenga algo en común. Por ejemplo, una pasión por la economía, los deportes o la religión.

Levantarse temprano

Cuanto antes se despierte, más energía tendrá para enfrentar el día, pero si duerme hasta tarde, se despertará sintiéndose desmotivado. Es recomendable levantarse temprano para tener suficiente tiempo para prepararse para el día. Los estudios muestran que quienes se levantan temprano tienen una mayor determinación y una mayor capacidad mental. Así mismo, es más sencillo comenzar su trabajo y desarrollar su potencial. Es importante adquirir este hábito para que pueda aumentar sus niveles de energía y eliminar la pereza. Será capaz de tomar mejores decisiones al no dejarse llevar por la pereza.

Desintoxicación

La desintoxicación es simplemente el proceso de eliminar toxinas de su cuerpo. Se lleva a cabo purificando la sangre en el hígado. Es importante purificar la sangre para que las células del cuerpo puedan funcionar al nivel óptimo. Los beneficios de una desintoxicación son numerosos. Por ejemplo, ayuda a promover que el sistema digestivo sea más eficiente, ayuda a aliviar el estreñimiento, aumenta la capacidad del cuerpo para absorber nutrientes, aumenta los niveles de energía, mejora la fertilidad, reduce el riesgo de cáncer de colon y promueve la pérdida de peso.

Revisiones de salud

Las personas empáticas tienden a preocuparse por demasiadas cosas. Al estornudar, pueden preocuparse por haber contraído una enfermedad grave. Deben adquirir el hábito de realizar revisiones de salud para asegurarse de que su cuerpo está en perfectas condiciones. Si tiene estas revisiones de manera regular, le permitirá detectar un problema lo suficientemente temprano antes de que se convierta en una complicación peligrosa. Los chequeos de salud le ayudarán a ahorrar dinero a largo plazo al estar en condiciones de deshacerse de una enfermedad en una etapa temprana antes de que abrume a todo su cuerpo.

Ejercitarse

Al adquirir el hábito de hacer ejercicio de manera regular, aumenta sus niveles de energía y fortalece su inmunidad. Su cuerpo estará en excelentes condiciones para combatir las infecciones y garantizar una salud óptima. Los estudios muestran que las personas que hacen ejercicio con regularidad son mucho más felices que las personas que no hacen ejercicio en absoluto. El ejercicio también le ayudará a perder peso al quemar la grasa acumulada en su cuerpo. Ejercitarse también ayuda a mejorar la función cerebral. Además, mejora su capacidad para conciliar el sueño. Para obtener todos los beneficios del ejercicio, es recomendable crear un programa adecuado, tener las herramientas necesarias y trabajar con un instructor.

Respiración profunda

Un consejo para manejar las emociones abrumadoras es a través de la respiración profunda. Es una forma de renovar y mejorar su salud al mismo tiempo. Por un lado, la respiración profunda le ayudará a aliviar el estrés y la ansiedad al calmar el ruido en su mente. Si es perezoso, puede elevar sus niveles de energía al respirar profundamente. La respiración profunda también promueve la salud del corazón. Además, le ayudará a deshacerse de las impurezas adheridas a sus pulmones. Existen diversas maneras de realizar ejercicios de respiración profunda, pero lo más importante es encontrar un ambiente sereno para llevarlas a cabo.

Capítulo 16: Cómo Evitar las Adicciones como Persona Empática

Las personas empáticas son muy susceptibles al abuso de las drogas. Tener la capacidad de absorber las energías de otras personas puede ser desorientador. Pueden recurrir a las drogas como una forma de escapar de su realidad. Sin embargo, las drogas no ofrecen libertad. Siempre es mejor buscar formas positivas de hacer frente a su adicción, en lugar de consumir drogas. Los siguientes son algunos consejos para ayudarle a evitar una adicción:

Establecer metas y perseguirlas

Si está enfocado en establecer y perseguir sus objetivos, no tendrá tiempo para dedicarse al abuso de drogas. Establecer metas indica que usted es una persona ambiciosa y que desea alcanzar el éxito. Se necesita disciplina y sacrificios para alcanzar sus metas. Si está realmente comprometido con sus objetivos, tendrá poco tiempo libre para relajarse, y mucho menos para disfrutar del consumo de drogas. Perseguir sus metas le hará convertirse en una persona enfocada. También le hará menos disponible para las personas que lo influenciarán para que se deje llevar por el uso de drogas. Esta búsqueda requiere un fuerte sentido de confianza en sí mismo y coraje.

Formar un grupo de apoyo

Una persona empática está expuesta a diversos problemas inesperados. Consumir drogas puede parecer inofensivo al principio, pero una vez que comienza, es difícil escapar. Para evitar ceder a la tentación de las drogas, las personas empáticas pueden recurrir a grupos de apoyo. Un grupo de apoyo está formado por miembros que comparten un interés común. Cuando cada uno se apoya en el otro, se disminuyen las posibilidades de que alguien se desvíe. Un grupo de apoyo proporciona un refugio seguro para quienes han consumido drogas. El grupo les apoyará en su lucha contra la adicción y les ayudará a salir adelante.

Liberar energías acumuladas

Si ha absorbido las energías de otras personas, es fundamental deshacerse de ellas, para que no le impidan llevar una vida normal. La mayoría de las veces, las energías acumuladas son emociones negativas y hacen que su salud se deteriore. Antes de liberar las energías acumuladas, debe ser introspectivo para poder identificar las emociones exactas que ha reprimido. Una vez que haya descubierto las energías que ha reprimido, será más fácil deshacerse de ellas.

Evitar relacionarse con consumidores de drogas

Evite relacionarse con drogadictos para que no le afecten sus comportamientos indeseables. Como persona empática, es más susceptible de adquirir los hábitos de otra persona, por lo que es recomendable limitar sus interacciones con personas que tienen cualidades negativas. Sin embargo, esto no equivale a convertirse en una persona aislada y rechazar a otros. Debe asegurarse de no permanecer cerca de un drogadicto durante demasiado tiempo para evitar adquirir sus hábitos. Esta habilidad requiere fuerza de voluntad de su parte.

Ser aventurero

Mantener una adicción puede ser muy costoso, especialmente si consume drogas fuertes. Piense en todas las cosas en las que hubiera podido gastar su dinero en lugar de las drogas. Siempre que se sienta abrumado e intente probar drogas, recuerde que puede canalizar su dinero en una aventura. Por ejemplo, puede embarcarse en viajes largos. Simplemente tomar el autobús y viajar a otro lugar. Viajar tiene un efecto terapéutico porque le ayuda a alejarse del entorno en el que fue lastimado. Además, viajar le permite explorar el mundo y entrar en contacto con personas de diversos orígenes.

Tomarse un descanso

Es probable que una persona empática recurra a las drogas al sufrir un colapso. En lugar de soportar el dolor hasta su punto de ruptura, aprenda a descansar brevemente. Los descansos le permitirán renovar su energía. Sin embargo, si no toma descansos, la presión será excesiva y es posible que se esté involucrando con las drogas como una estrategia de afrontamiento. Al tomar un descanso, utilice ese tiempo para hacer un balance de su vida. Como persona empática, necesita ser extremadamente consciente de sí mismo para poder diferenciar sus energías de las de otras personas.

Aprender a decir NO

Una persona empática es un alma sensible que no desea decepcionar a nadie. Pero debe entender que no puede complacer a todos. Y al volverse pasivo, las personas pueden tomar ventaja. Entonces, cuando alguien trata de convencerlo para probar drogas, no debe tener reparos en decir un NO rotundo y enfático. Esto no hará que le odien o le falten al respeto; al contrario. La gente le respetará por su capacidad de defender sus creencias. Sin embargo, para sentirse seguro de sí mismo diciendo NO, es necesario practicar. Evite decir NO solo una vez para luego olvidarlo.

Voluntariado en un centro de adicciones

Probablemente no comprende cómo la adicción puede arruinar su vida hasta tener un encuentro cercano con las víctimas de la adicción. En lugar de consumir drogas, ¿por qué no intenta ser voluntario en un centro de adicción? De esta manera puede obtener un panorama de cómo la adicción a las drogas puede devastar la vida de las personas. Si logra aprender de los errores de otras personas, ser testigo de la experiencia de los adictos a las drogas le ayudaría a que nunca las probara. Para una persona empática, ser voluntario satisfaría su intenso deseo de ser altruista y de realizar una contribución positiva a la sociedad.

Buscar ayuda profesional

Nunca subestime la eficiencia del personal capacitado. Si está luchando con pensamientos obsesivos y está a punto de comenzar a usar drogas, tenga el valor de buscar un consejero. Con la ayuda de un profesional, obtendrá información sobre su comportamiento y los peligros a los que se expone al incurrir en el uso de drogas. Un consejero profesional le ayudará a comprender su condición aún más profundamente. Busque un consejero que tenga experiencia en el manejo de personas empáticas que luchan contra la adicción. Si coopera con ellos, no solo se librará de su problema, sino que también se convertirá en una mejor persona.

Capítulo 17: Maneras en que los Empáticos Aman de Forma Diferente

Enamorarse es una experiencia sensacional si tiene una pareja increíble. Las personas empáticas son los mejores compañeros porque son amantes muy apasionados. Las siguientes son algunas formas en que las personas empáticas aman de manera diferente:

Son honestos

Una relación promedio se rompe debido a la deshonestidad. Ya sea que uno de los dos o ambos oculten cosas el uno al otro, y esto causa una gran tensión en la relación. Cuando existe deshonestidad en una relación, es difícil avanzar porque la pareja no está en el mismo camino. Sin embargo, una persona empática es demasiado honesta. No tienen nada que ocultar. Les encanta expresarse claramente y agradecerían la misma honestidad. Estar en una relación con una persona empática significa que no tendrá que frustrarse sobre una determinada situación porque serán siempre francos con usted.

Son generosos

Los empáticos son donadores natos. Son almas antiguas que han tenido muchas vidas, y se les ha enseñado el valor de dar. Cuando una persona empática está en una relación, tiende a compartir sus recursos con su pareja de manera imparcial. La parte buena de su generosidad es que no hay ataduras. Ellos dan por el bien de dar. Cuando una persona promedio da, espera también algo a cambio, y esto puede generar conflictos en la relación. Quizás lo más importante que las personas empáticas exijan a sus parejas es el respeto. Si falta respeto, lo más probable es que dejen de dar y cuiden su corazón roto.

Su amor es intenso

No existe un amante más apasionado que una persona empática. Abren su alma por completo a su pareja. Puede ser bastante difícil para una persona empática enamorarse, pero una vez que lo hacen, son amantes apasionados. A las personas empáticas les gusta sentir la sensación de estar verdaderamente enamorados. Y parecen creer en el amor verdadero. Desean que una relación funcione, y les rompe el corazón cuando su pareja no muestra el mismo entusiasmo. Debido a su propensión de amar profundamente, se someten a un alto riesgo de sufrir. Si la relación terminara, se derrumbarían por completo.

Le darán espacio

Cuando una persona acapara todo el espacio, la relación puede volverse aburrida. Cada persona debe tomar descansos frecuentes para renovar su atracción mutua y tomarse el tiempo para construirse. Una persona empática a menudo se retirará a la soledad para eliminar las diversas energías que han absorbido de otras personas. Su necesidad de soledad también libera a su pareja. Al estar en una relación con una persona empática, obtiene lo mejor de ambas partes: tiempo y espacio de calidad. Además, detectará cuando no está de buen humor y le dejará solo para que pueda recuperarse.

No proyectan su dolor en su pareja

¿Qué sucede en una relación promedio cuando alguien sufre una crisis? El otro está sujeto a una inmensa tortura mental y emocional.

La persona que sufre tiene razones válidas para ser indiferente, pero aun así, no es una razón suficiente para hacer sufrir a su pareja con ellos. Cuando una persona empática atraviesa un momento difícil, tiende a distanciarse de su pareja para que no pueda proyectar su dolor sobre ella. Esto es una cosa increíblemente considerada. Cuando la persona promedio está sufriendo por cosas personales, somete al resto del mundo a un trato terrible y asume que no hay problema en hacer eso. Aunque las personas empáticas eligen sufrir solos, sus compañeros no deben ignorarles, sino aprovechar la oportunidad para ofrecer su apoyo.

Están en sintonía con los sentimientos de su pareja

Cuando alguien está en una relación con una persona empática, les conocerá demasiado bien. Tienen una profunda comprensión de los sentimientos de su pareja. Es casi como si le hubiera conocido durante toda la vida. Una persona empática sabrá lo que su pareja está sintiendo con solo mirar su cara. Tienen una habilidad innata para detectar los sentimientos de las personas. Esta capacidad les permite dar respuestas apropiadas con respecto a los sentimientos de sus parejas. Por ejemplo, si su pareja está triste, le consolará o le dará espacio. Y si su compañero está emocionado, disfrutarán de su estado de ánimo.

Son leales

Las personas empáticas no se enamoran fácilmente. Prefieren tomarse su tiempo. Reconocen que son amantes intensos y quieren estar seguros de que están tomando la decisión correcta. Sin embargo, una vez que se enamoran, solo tienen ojos para su pareja. No pueden jugar con sus sentimientos enamorándose de otras personas. De igual manera esperan que el favor sea devuelto. Desean que su pareja esté igual de comprometida con ellos. Sin embargo, cuando esto no sucede, y descubren que su pareja está saliendo con otras personas, les causa un dolor inmenso. Además del respeto, otra cosa importante que requieren en una relación es la lealtad.

Son intuitivos

Las personas empáticas tienen una intuición muy avanzada. Pueden leer cualquier situación a través de sus corazones. Esta habilidad les brinda una gran capacidad a la hora de tomar decisiones importantes en la vida. Esto les permite hacer juicios precisos. Sus capacidades intuitivas se pueden utilizar en casi todos los aspectos de la vida: social, económica e incluso política. La intuición es una gran herramienta que le ayuda a crear un camino que conduce a la fortuna y no a la destrucción.

Son pacifistas

Un pacifista es una persona que está interesado en hacer la paz cuando hay conflictos. Cuando la persona promedio encuentra problemas en su relación, generalmente no está dispuesta a ceder por el bien de la relación. Está confiada en proteger su ego, y eso le hace indiferentes. Una persona empática, por otro lado, buscar hacer la paz. No tiene problema de hacer compromisos por el bien de la relación.

Capítulo 18: ¿Por Qué es Complicado para las Personas Empáticas Involucrarse en Relaciones Serias?

Al igual que todos, las personas empáticas desean tener una relación estable. Sin embargo, les resulta difícil entablar relaciones serias. Las siguientes son algunas de las razones por las cuales tienen dificultades para entablar relaciones:

Pocas habilidades de socialización

Las personas empáticas carecen de talento cuando se trata de socializar. Son increíblemente sensibles a lo que dice la gente y pueden sentirse ofendidas con palabras o acciones que no estaban destinadas a lastimarles. Para ellas, relacionarse con otras personas es una tarea complicada, y esto afecta su capacidad para conectar con personas que potencialmente pueden convertirse en otras personas importantes. A veces no son conscientes de las pautas sociales. Lo anterior envía un mensaje conflictivo y puede hacer que la gente desconfíe de ellas. La razón por la cual poseen habilidades de socialización deficientes se debe principalmente a su educación. Si hubieran empezado a socializarse desde una edad más temprana, habrían adquirido esas habilidades y se habrían vuelto expertas en ello. Pero como las personas empáticas no son buenas para socializarse, esto dificulta la posibilidad de conocer a una persona para tener una relación comprometida.

Interiorizar los problemas de su pareja

Una persona empática es sensible a los sentimientos de su pareja. Si su pareja está pasando por alguna dificultad, compartirá su dolor. La mayoría de las personas encuentran esta habilidad anormal en una pareja. En realidad, algunas personas lo considerarían una molestia. A una persona empática le rompe el corazón saber que su preocupación no es bienvenida. Su pareja dejará de tomarle en serio porque cree que es un poco dependiente. Lamentablemente, la capacidad de sentir el dolor de su pareja no es algo que pueda ser ignorado.

Atraer a personas que deseen ser salvadas, no amadas

Las personas empáticas son extremadamente amables. Esto les posiciona en el radar de las personas que les gusta tomar ventaja. Si alguien tiene un problema en el cuidado de su relación, es posible que otra persona pueda aprovecharse. Por ejemplo, es más probable que una mujer empática sea abordada por un hombre narcisista. El narcisista tendrá cosas maravillosas que decir sobre ella, haciéndole bajar la guardia. Sin embargo, una vez que la mujer le deje entrar en su vida, saldrá su verdadera naturaleza. Él puede comenzar a pedirle dinero prestado para fines de inversión y hacerle perder su tiempo. El hombre se hará pasar por alguien que necesita ayuda, y es probable que la mujer le complazca.

La gente no les comprende

Intente explicar a una persona promedio cómo es el comportamiento de una persona empática. No se sentirían relacionados. Las personas empáticas tienen dificultades para adaptarse a la sociedad porque parecen estar "fuera de lo normal". Su capacidad para absorber las energías de otras personas y percibirlas como si fueran propias podría complicar las cosas. A las personas empáticas les sería más fácil entablar relaciones si las personas en las que estaban interesados hicieron algún esfuerzo por comprenderles.

Las personas empáticas son malhumoradas

Las personas malhumoradas son complicadas porque nunca estará seguro de cómo actuarán en el siguiente momento. Una persona empática siempre está procesando diferentes emociones, y la naturaleza de sus emociones cambiará dependiendo de su entorno. Si se relacionan con personas negativas, detectarán la negatividad y posiblemente estarán de mal humor. Esto puede hacer que su pareja desconfíe de ellos. Las personas empáticas se sienten mal porque, por mucho que estén de mal humor, no soportan tener que afectar a su pareja con esta situación. Es probable que puedan intentar alejarse cuando estén de mal humor.

Demasiado sinceros

¿Es posible que la sinceridad pueda impedirle tener una relación? ¡Por supuesto! Esto no significa que ser sincero sea algo malo. Pero algunas personas prefieren que les mientan para preservar su ego. Por ejemplo, si una persona empática sale de fiesta con alguien con potencial para convertirse en su compañero de vida, y luego esa persona se comporta de una manera que la persona empática considera desagradable, le dirá exactamente lo que piensa. Si hubiese querido elevar el ego de su pareja, hubiera mentido. Sin embargo, su sinceridad puede contradecir a su pareja.

Problema de actitud

No es ningún secreto que las personas empáticas son altamente sensibles. Tienden a examinar las palabras y acciones de otras personas como si trataran de leer el mensaje oculto. Este hábito hace que se sientan heridos por cosas que no lastiman a las personas comunes. A veces piensan que el mundo está en contra de ellos. En última instancia, su naturaleza sensible arruina su actitud. Cualquier persona que exprese interés en ellos puede atravesar por momentos difíciles, gracias a su tendencia de tomar las cosas personalmente. En una relación, no habrá escasez de fallos, pero su pareja debe tener un gran corazón, no un corazón sensible que tome las cosas personalmente.

No soportan los conflictos

Las personas empáticas tienden a evitar los conflictos tanto como sea posible. Cuando se dan cuenta de que una conversación se dirige hacia el conflicto, se retirarán. Y si existen amenazas, se asustarán. Prefieren no resolver un problema que tener que soportar el dolor de luchar por lo que creen. Este hábito tiende a alejar a las personas. Las personas reconocen que un buen compañero debe estar dispuesto y listo para enfrentar el conflicto por el bien de ambos.

Parecer distante

La tendencia de una persona empática a retirarse de la interacción humana puede parecer distante. Y mirando desde otra perspectiva, la persona empática en cuestión puede parecer arrogante. Aquellos que no tienen idea de lo que está pasando considerarán que es emocionalmente distante. Esta conclusión puede dañar la posición social de la persona empática y disminuir el número de personas que están interesadas en ellas. Al final del día, los seres humanos son criaturas sociales, y tendemos a disociarnos de las personas que parecen no encajar. Si todos entendieran por qué se alejan, no les rechazarían.

Capítulo 19: Por Qué las Personas Empáticas y los Narcisistas se Atraen Entre Sí y Las Etapas de su Relación

Aunque es común que las personas empáticas se enamoren de los narcisistas, nunca lo hacen con la única intención de salvarlos, como suponen muchas personas. Los narcisistas son expertos en colocar trampas para las personas sensibles, y la mayoría de las veces, logran atrapar a las personas empáticas. Las personalidades de ambos son diametralmente opuestas. Y por alguna razón, su atracción tiende a ser apasionada, hasta que la persona empática descubre las verdaderas intenciones del narcisista. Y en ese momento la relación se torna en llamas. Las siguientes son las etapas por las que debe pasar una relación entre una persona empática y un narcisista:

1. El narcisista detecta a una persona empática y se acerca a ella. Se proyecta a sí misma como una persona dinámica con una personalidad única que provoca asombro. La persona empática vacila, queriendo eliminar toda duda. Luego, muerde el anzuelo, y cae completamente enamorada del narcisista. La fase inicial de su amor es intensa y llena de pasión.

2. El narcisista se hace pasar por una persona impecable llena de amor. La persona empática le cree y sigue siendo leal al narcisista. Considera que han encontrado a alguien especial y es una pareja hecha en el cielo. Comienza a sentir un vínculo profundo que le conecta con el narcisista.

3. La persona empática nota que, aunque el narcisista está interesado en la relación, es como si quisiera darle todo su tiempo y dinero, mientras que el narcisista tiene todo el poder en la relación. Su amor por el poder destella en formas pequeñas, haciéndole nota de manera sutil. Sin embargo, el narcisista le hace creer al empático que todo está bien al hacerse pasar por una buena persona.

4. El narcisista lanzará su primer ataque. Puede ser una acusación por no comportarse adecuadamente o algún otro problema que el narcisista vea en la persona empática. Sus ataques están dirigidos a trasladar su poder a ellos y desalentarles de querer ser su igual.

5. La persona empática comienza a sentirse cansada y desilusionada. Ha empezado a sufrir debido a los ataques del narcisista. Por un lado, los narcisistas muestran su maldad, y, por otro lado, son dulces y divertidos. Hieren a la persona empática y posteriormente se convierten en buenas personas y esto les causa confusión.

6. El abuso que el narcisista impacta sobre la persona empática es meramente emocional. Quieren arrestar su alma. El objetivo del narcisista es hacer que la persona empática renuncie a su poder y acepte que es inferior al narcisista. Consiguió su objetivo.

7. La persona empática cree plenamente que el narcisista es quien tiene el control y cree que tomará decisiones que beneficiarán a ambos. Parece pensar que el amor y el sufrimiento van de la mano. Está lista para sufrir solo para hacer feliz al narcisista.

8. El narcisista comienza a presentarse como víctima de las circunstancias. Comenzará a decir que ha sido herido en el pasado por sus parejas anteriores e incluso por sus padres. Este es su plan

para obtener la simpatía de la persona empática. Busca ganarse su confianza.

9. Cualquiera que sea la historia que el narcisista haya dicho, la persona empática la recibirá con sospecha, pero su lado sensible no puede desechar lo que les han contado. Los narcisistas quieren hacerse pasar por víctimas. Les da poder. Y tal como lo planearon, la persona empática comienza a sentir pena por ellos y creen que el narcisista necesita su ayuda.

10. El narcisista solicita un favor a la persona empática. Normalmente es un pequeño favor. La persona empática está obligada. Entonces lo que sigue es una serie de solicitudes de más favores. El narcisista es un parásito y quiere usar todos los recursos que posee la persona empática. Ya sea tiempo o dinero, los narcisistas se asegurarán de que renuncie a una parte significativa de sus recursos. El trabajo de la persona empática es dar. Debe confiar en que el narcisista dará un buen uso a los recursos.

11. La persona empática se pierde totalmente en la relación. El narcisista es la "estrella del rock" y está a cargo de tomar decisiones clave y determinar hacia dónde se dirige la relación. La persona empática quisiera tener una contribución, pero el narcisista acapara todo el espacio.

12. Entonces la persona empática se da cuenta de que no se están respetando sus deseos y que ha perdido su identidad tratando de complacer al narcisista. Por una vez, alza la voz, queriendo saber por qué no es tratada como si fuera importante en la relación.

13. Al narcisista no le gusta la nueva actitud de la persona empática. Intenta ponerle de nuevo en su lugar al consolidar su estatus como el titular del poder en la relación. Esta acción tiene como objetivo hacer que la persona empática se someta al narcisista. El narcisista quiere que se den cuenta de que ellos tienen el control por el bien de ambos.

14. La persona empática se siente confundida. Se ha dado cuenta de cómo es en realidad su pareja. Obviamente, no dará marcha atrás,

pero aumentará sus esfuerzos para exigir un trato justo. Todavía desea trabajar en mejorar la relación en lugar de dejar que todo termine. Desea que el narcisista sea razonable.

15. El narcisista no realiza ningún cambio. Todo permanece sombrío como la persona empática lo ha notado. Está llena de un inmenso dolor al despertar a la realidad de que se enamoró de una imagen falsa. Se siente profundamente triste cuando se da cuenta de lo que esto significa para su relación. Pero aun así, quiere salvar la relación, si el narcisista pusiera de su parte.

16. El narcisista, obviamente, no se arrepiente e incluso incrementa su crueldad. Finalmente, la persona empática se da cuenta de que el narcisista no merece su afecto. Termina la relación y entra en una fase de inmenso sufrimiento. Sin embargo, cuando el dolor desaparezca, seguirá adelante, para nunca volver a pensar en el narcisista.

Capítulo 20: ¿Su Hijo es Empático? Consejos para su Formación

Si su hijo es un empático, debe haberse dado cuenta de que tiene cualidades especiales. Algunos de los rasgos que puede presentar incluyen ser intuitivo, tener una conexión profunda con los animales y ser extremadamente sensible. Desea criarlo de una manera que fomente su condición. Los siguientes son algunos consejos para criar a un niño empático:

> o **No existe nada malo en ellos**: un niño empático puede pensar que algo está mal con él cuando parece no encajar con el resto, pero es su responsabilidad como padre informarle de que está bien. Hágale saber a su hijo que no necesita ser arreglado. Está bien.
>
> o **Hacer que su entorno sea pacífico**: las personas empáticas son extremadamente sensibles al ruido. No pueden funcionar en un entorno que es caótico. Deberá asegurarse de que su hijo crezca en un entorno tranquilo. Si crece en un área desorganizada, se distraerá y perderá la concentración.

o **Vigilar sus relaciones**: los niños empáticos son extremadamente influenciables. Son sensibles a las necesidades de otros niños. Tienen un profundo deseo de adaptarse. Por lo tanto, tratarán de asociarse con entusiasmo con muchos niños, algunos de los cuales podrían no ser la mejor compañía. Observe a los niños con los que su hijo quiere relacionarse y estudie sus comportamientos. Si son niños maleducados, anime a su hijo a que deje de juntarse con ellos, para que no siga adoptando sus modales.

o **Nunca se burle de su hijo**: si su hijo es muy sensible a las palabras o acciones de la gente, puede ser tentador reprenderlo. Sin embargo, burlarse de ellos no les haría desarrollar una actitud firme; en su lugar, haría que el niño se resintiera por no entenderlo. Como padre, usted desea ser el mejor aliado de su hijo y debe brindarle orientación sin burlarse de él.

o **Usar diferentes medidas disciplinarias**: no debe castigar a un niño empático como lo haría con un niño promedio. No debe someterle a dolor y sufrimiento. Un niño empático es muy obediente, y es capaz de corregir su camino si le guían pacientemente. Si hiere sus sentimientos, podría tomárselo personalmente y se molestará por ello.

o **Descanso de calidad**: la importancia del descanso no puede ser sobrestimada. Absorber las energías de otras personas puede ser extremadamente agotador. Debe proporcionar un excelente ambiente para que su hijo tenga un sueño de calidad. Esto jugará un papel importante en sus niveles de energía. Cuanto más duerma, más animado se sentirá.

o **Motivarles a hablar**: es probable que un niño empático se quede callado. Sin embargo, debajo de su calma exterior, existe un tsunami de emociones. Anime a su hijo a expresar sus sentimientos para que no caiga en depresión. Esta es una forma importante de demostrar su preocupación por su bienestar.

o **Ser un mentor emocional**: después de animarles a expresar sus sentimientos, es su responsabilidad hacerles entender sus emociones. Enséñeles cómo sus emociones contribuyen a la persona en la que terminan convirtiéndose. Pero lo que es más importante, deben tomar conciencia de su capacidad para absorber las emociones de otras personas y transmitirlas como propias.

o **Mejorar sus habilidades de colaboración:** dado que un niño empático tendrá dificultades para adaptarse, podría aislarse de los demás y esto afectará su capacidad para desempeñarse dentro de un equipo. La colaboración es fundamental para el éxito. Involúcrele en algunas de sus actividades y anímele a involucrar a otros niños también.

o **Felicitarles**: los niños están desesperados por ganar la aprobación de sus padres. Cuando hacen algo excelente, por ejemplo, cuando obtienen una buena calificación en la escuela, es una oportunidad perfecta para recompensar su esfuerzo. Elogiarles y recompensarles por sus logros. Esto les brindará el impulso para continuar logrando grandes cosas.

o **Enseñarles cómo establecer límites:** su hijo empático será el más amable entre los demás niños. Esto puede hacerle susceptible a los narcisistas. Deberá enseñarle que su bondad debe tener límites. No es bondad si sufre por ello. Enséñele a satisfacer sus necesidades antes de ayudar a los demás.

o **Desarrollar su creatividad e imaginación**: un niño empático posee una vasta imaginación. Es importante enseñarle cómo sacar el máximo provecho de su imaginación. Le ayudará a superar sus problemas. Puede mejorar su creatividad proporcionando materiales de lectura adecuados para su edad. Cuanto más lee, más se expanden los límites de su creatividad.

o **Mejorar sus habilidades de comunicación**: si no es proactivo al respecto, su hijo podría presentar un impedimento del habla. Para eliminar las posibilidades de que esto suceda, debe enseñarle a su hijo a expresarse. Esta es una habilidad vital que será extremadamente crítica en su vida adulta.

o **Enseñarles a manejar la presión**: un niño empático será sometido a una presión inmensa por parte de sus compañeros. Su grupo de compañeros notará que es peculiar. Le presionarán para que se vuelva como el resto. En ese momento, el niño empático no debe ceder, sino seguir siendo él mismo.

o **Ejercitarse**: debe comenzar a entrenar a su hijo físicamente desde una edad temprana. Los ejercicios regulares mejorarán su salud física y emocional. El ejercicio también fortalecerá su carácter e integridad. Por lo tanto, estará en posición de tomar decisiones relevantes, en lugar de ser débil e indeciso.

o **El valor de la gratitud**: un niño empático estará agradecido por todo lo que tiene o recibe. Pero aun así, deberá cimentar este ideal para que se convierta en un valor de por vida para él. Haga que su hijo entienda que debe estar agradecido sin importar el motivo.

Capítulo 21: Las Mejores Carreras Profesionales para Personas Empáticas

La belleza de la vida consiste en la diversidad. Cuando se trata de trabajo, personalidades particulares van con diferentes profesiones. No todos podemos hacer el mismo trabajo por la sencilla razón de que no compartimos un solo tipo de personalidad. Los seres humanos son distintos. Por ejemplo, una persona extrovertida podría desarrollarse como vendedor, pero una persona empática no tendría un buen desempeño en el mismo rol. Los siguientes son ejemplos de profesiones en los que las personas empáticas pueden prosperar:

Enfermería

Cuidar de los demás es algo natural para las personas empáticas. Pueden prosperar en el campo de la enfermería donde tendrían que cuidar a personas enfermas. Obtienen un gran alivio al tener un gran impacto en el mundo en el que viven, y cuidar de la salud de una persona enferma sería increíblemente útil. Pueden aceptar trabajos en hospitales, residencias de ancianos o incluso abrir un consultorio privado.

Psicología

Las enfermedades mentales se han convertido en un gran problema, especialmente en la actualidad y no existen suficientes psicólogos para manejar la situación. Las personas empáticas serían los psicólogos perfectos, ya que les encanta ayudar a las personas a recuperarse y obtener una comprensión más profunda del funcionamiento del cerebro.

Escritor

Las personas empáticas tienden a experimentar emociones intensas. Y también tienen un lado muy introspectivo. Esta es una combinación perfecta para un gran escritor. Seguir una carrera en la industria de la escritura sería increíblemente satisfactorio, ya que no tendrán que soportar el ruido y las distracciones del mundo exterior. Pueden crear su propio mundo pequeño.

Contador

Considerando que las personas empáticas tienen dificultades para relacionarse con otras personas y que luchan por absorber sus energías, una carrera como contador podría beneficiarles. Estarían analizando cuentas y realizando diversos cálculos. Y el contacto humano se restringiría cuando informen a sus jefes o se pongan en contacto con compañeros de trabajo.

Veterinario

Las personas empáticas no solo se preocupan por los seres humanos; su amor se extiende a los animales. Quieren asegurarse de que los animales también dejen de sufrir. Si asumen el trabajo de veterinario, serán fundamentales para mejorar la vida de los animales en todo el mundo. Estudios recientes han indicado que los animales también tienen sentimientos.

Artista

Otra línea de trabajo que da la bienvenida a los sentimientos intensos y a las perspectivas únicas de una persona empática son las artes.

Pueden aprovechar su riqueza de emociones para crear arte que conmueva a las personas. Gracias a las diversas plataformas en línea que atienden la venta de arte, les sería fácil llegar a su público objetivo y crear un grupo de admiradores.

Mentor personal

Las personas empáticas son profundamente introspectivas. Esta cualidad les ha llevado a obtener una visión muy profunda de la vida. Pueden elegir convertirse en un mentor personal para iluminar a otras personas. La gente acudirá a ellas para aprender de su sabiduría. Como mentor personal, pueden abrir un consultorio o incluso realizar consultas a través de Internet.

Maestro

Confiando en su inmenso deseo de ofrecer orientación a mentes influenciables, una persona empática se desarrollaría de manera excelente como maestro. Son pacientes, y a los estudiantes les agradarían instantáneamente, especialmente porque se sentirían comprendidos. Las personas empáticas se complacen al ver que desempeñaron un papel en la transformación de la vida de una persona.

Trabajador de Organización sin Fines de Lucro

En la actualidad millones de personas están sufriendo en todo el mundo. Algunas organizaciones ayudan a mejorar la situación de estas personas. Estas organizaciones necesitan trabajadores que no tengan en mente el dinero. Una persona empática se preocupa por la situación de los afligidos y no se deja llevar por el dinero, por lo que sería un muy buen candidato para este tipo de trabajo.

Diseñador web y gráfico

La forma tradicional de hacer negocios está experimentando un cambio importante. La gente está recurriendo a internet para hacer crecer su negocio. Una persona empática aprovecharía este desarrollo al establecer sus propias agencias de diseño gráfico y diseño de sitios web. Muchos empresarios desean trabajar con los diseñadores de sitios web y gráficos para crear un gran sitio web para su negocio.

Asistencia virtual

Muchas personas han cambiado a hacer negocios en línea. Solo la industria del comercio electrónico en Estados Unidos vale cientos de miles de millones. Existen ejecutivos que necesitan ayuda en forma de asistentes virtuales. Usted aligeraría su carga proporcionando el servicio de asistencia virtual. Esto implicaría cosas como recordarles los horarios importantes, o garantizar que los documentos de la empresa se almacenen de forma segura, entre otras cosas.

Botánico

Las personas empáticas también se encuentran conectadas con las plantas. Pueden comunicarse con una planta simplemente captando sus vibraciones. Convertirse en un botánico es adecuado para ellas porque tienen la oportunidad de comprender la ciencia de la vida vegetal. Esta carrera satisfaría su necesidad de comprender cómo nacen las plantas y cómo producen los alimentos que consumimos.

Diseño paisajístico

Las personas empáticas son muy creativas. Seguramente triunfarían en una carrera de diseño paisajístico. Esta carrera requiere una comprensión de la arquitectura del paisaje y diseño de jardín. Prosperarían debido a su creatividad e intuición. Los clientes disfrutarían trabajando con ellos, ya que pueden acoplarse rápidamente y producir los diseños exactos que los clientes buscan.

Agente de bienes raíces

Las personas empáticas podrían desarrollarse en este tipo de trabajo porque las agencias de bienes raíces son un asunto muy pacífico. La mayor parte de su tiempo se consumiría en lugares de exploración e intentaría encontrar pistas. El negocio no involucra a demasiadas personas. Además, aliviaría su deseo al ver que ayudaron a alguien a encontrar un lugar cómodo para vivir.

Vendedor Digital

En la época de internet, comenzar una agencia de marketing es bastante sencillo. Existen cientos de millones de compradores en línea dispuestos a gastar dinero. Como comercializador digital, su trabajo es crear el producto perfecto y venderlo a su clientela en línea. Las personas empáticas prosperarían en este tipo de trabajo, especialmente porque pueden utilizar herramientas de automatización y atenuar el contacto humano.

Capítulo 22: Señales de que Usted es una Persona Empática Intuitiva– No Solamente Empática

Una persona empática intuitiva tiene una profunda capacidad de intuir los pensamientos y acciones de las personas. Esta habilidad les ha acompañado desde que eran pequeños. Una persona intuitiva es un tipo especial de empático, y las siguientes características son distintas a ellos:

Sueños vívidos

Una persona empática intuitiva experimenta sueños vívidos. Estos sueños nunca se pierden en un empático. Esta capacidad comenzó cuando eran niños pequeños y se ha mantenido con ellos en la edad adulta. Las personas empáticas intuitivas están muy enamoradas del mundo de los sueños y parece que no pueden esperar a la noche para poder tener otro sueño. Teniendo en cuenta que los sueños pasan por alto el ego, suelen ser medios muy poderosos para proporcionar información intuitiva. Los sueños brindan orientación sobre asuntos de espiritualidad y curación, así como la superación de emociones sensibles. Los elementos del sueño también pueden ser simbólicos. Sin embargo, una persona empática intuitiva está preparada para descifrar el significado oculto de cada personaje que aparece en sus sueños. Sus sueños están frecuentemente repletos de mensajes. Tal vez sea una revelación o un mensaje de curación. Utilizan estos sueños para brindar soluciones a las personas que les preocupan.

Algunas personas empáticas intuitivas tienen guías espirituales con quienes hablan dentro del mundo de los sueños. El guía espiritual puede tomar la forma de un animal, una persona, un ángel o incluso una voz, pero su presencia es inconfundible. Los guías espirituales normalmente le brindan la sabiduría de superar los desafíos de su vida, actualizar sus objetivos y vivir de manera más creativa y pacífica. Los guías espirituales no tienen intenciones maliciosas y están realmente interesados en mejorar su vida junto con sus amigos.

Durante los sueños, una persona empática intuitiva tiene la capacidad de trasladarse desde el mundo presente y recorrer el mundo de los sueños. Esto se llama una experiencia extracorpórea. Es surrealista. Una persona empática que está acostumbrada a este tipo de experiencia puede encontrarse perdiendo el sueño, ya que no puede esperar para ir a otro mundo más allá de nuestro delgado velo de realidad.

La historia de los sueños de las personas empáticas intuitivas es extensa y para asegurarse de que nada de eso se pierda, debe grabarlo. Al despertar, escriba los detalles de su sueño en un diario. Después, medite sobre el significado de esos sueños durante el resto del día. Adquiera el hábito de hacerse preguntas importantes antes de irse a la cama. De esta manera, animará a sus guías espirituales a que le briden una respuesta a través de sus sueños.

Habilidades místicas

Otra característica de una persona empática intuitiva es su poder místico. Es el tipo de persona que puede mirar rápidamente a alguien y leer su mente como un libro de texto. Conoce cuáles son sus pensamientos ocultos, lo que está a punto de hacer y qué piensa realmente sobre varias cosas.

Una persona empática intuitiva es el tipo de persona que pensará para sí misma: "Mi mamá pasó dos días sin hablarme" y, al pensar en esa situación, su teléfono comenzará a sonar y adivine quién llama: ¡Mamá!

Una persona empática intuitiva es el tipo de persona que estará sentada y de repente pensará: "Mi hijo está enfermo", y luego se enterará de que su hijo está enfermo.

Una persona empática intuitiva enfrenta el desafío de detectar si cierto pensamiento es independiente o una proyección de sus emociones y luchas. Las posibilidades de que un pensamiento sea preciso son altas cuando ese pensamiento aparece de forma independiente, en lugar de ser una extensión del estado emocional de una persona empática intuitiva.

Es absolutamente necesario desarrollar un profundo sentido de autoconciencia. La información recibida al encontrarse en un estado neutral o compasivo es mucho más precisa que los mensajes recibidos al estar emocionalmente cargado. Sin embargo, si tiene una comprensión profunda de sí mismo, difícilmente proyectará sus temores, preocupaciones o inseguridades en otras personas.

Como persona empática intuitiva, es absolutamente necesario mantenerse con los pies en la tierra. Las vibraciones que capta de otras personas no deberían complicar su vida. Por el contrario, deben profundizar su compasión y comprensión por los demás. La capacidad de leer los pensamientos ocultos de las personas es excepcional. En el fondo de su mente, debe saber que es extremadamente afortunado.

Conexión con la madre tierra

Las personas empáticas intuitivas están muy conectadas con la madre tierra. Pueden percibir diversos cuerpos naturales, sensual y energéticamente. Si es un trueno, pueden percibir su poder sacudiéndose a través de su cuerpo, y si es la luna, pueden percibir su belleza brotando dentro de ellos.

Una persona empática intuitiva parece estar en sintonía con el estado energético de la Tierra. Es feliz cuando la madre tierra está bien cuidada y triste cuando la madre tierra actúa con furia. Si vive cerca del océano y las aguas son tranquilas, se sentirá alentado y feliz. Sin embargo, si las aguas se vuelven violentas, la felicidad inicial desaparece, y en su lugar, viene la depresión.

Una persona empática intuitiva es como un unicornio, porque es feliz cuando la tierra está en excelentes condiciones y se siente triste cuando la tierra sufre algún daño. Por esta razón, desempeña un papel activo para garantizar que la Tierra esté bien cuidada. Así mismo, deberá pasar tiempo en el entorno natural para experimentar su estado de unión.

Conocimiento previo de los acontecimientos

Si usted es una persona empático intuitiva, muchas veces le preguntará a la gente: "¿No te lo dije?" Esto se debe a que parece tener un conocimiento previo de las cosas. O tiene visiones sobre el futuro al estar despierto, o tiene sueños con eventos futuros, pero en ambos casos, las visiones se cumplen. Esta habilidad no está restringida únicamente a su vida. Puede predecir con precisión los eventos futuros de las vidas de otras personas. Tiene la capacidad de visualizar cómo serán sus relaciones, carreras y otras condiciones.

Ser una persona empática intuitiva es un inmenso regalo del que debe sentirse orgulloso y tomar el máximo provecho para tener una vida satisfactoria.

Capítulo 23: Cómo Mantener el Equilibrio con sus Emociones

Ante los desafíos o el cambio, es probable que las emociones de una persona empática oscilen entre los extremos. Su interior es caótico. Sin embargo, para mantener un cuerpo y una mente saludables, debe alcanzar el equilibrio emocional. Los siguientes son algunos consejos para ayudarle a mantenerse en equilibrio con sus emociones:

Perdonarse a sí mismo

Un rasgo peculiar que casi todas las personas empáticas comparten es su tendencia a ser demasiado exigentes con ellas mismas. Si establecen una meta y no la consiguen, eso es suficiente para entrar en un estado de miseria incalculable. Son demasiado exigentes con ellas mismas, y no lo reconocen. Alienta la negatividad en su vida, ya que claramente tienen una falta de actitud. Como persona empática, debe aprender a dejar de lado sus fracasos, pero esto no significa que deba volverse conformista. Deberá reestructurar estrategias, establecer nuevos objetivos y volver a intentarlo.

Practicar meditación consciente

La meditación consciente es la práctica de vivir en el momento. Si se encuentra atrapado en un ciclo de preocupación por lo desconocido, no hay mejor manera de deshacerse de la preocupación que practicar la meditación consciente. Debe enfocar su energía en despejar el ruido de su mente y apreciar el momento en el que se encuentra ahora mismo.

Ejercicios de respiración profunda

La efectividad de los ejercicios de respiración profunda para dejar atrás el estrés y la tensión no puede ser sobrestimada. Es importante encontrar un ambiente sereno y adoptar una postura erguida, y posteriormente comenzar a respirar profundamente inhalando y exhalando. Concéntrese en eliminar la negatividad y el estrés al inhalar y exhalar.

Ejercitarse

Adquiera el hábito de ejercitarse a diario. Esto mejorará su salud emocional y lo hará menos susceptible a estados de ánimo decaídos. El ejercicio físico le ayudará a adquirir un cuerpo sano y le hará sentir seguro de sí mismo. Al sentirse confiado, es más probable que experimente pensamientos felices.

Aceptar sus sentimientos

Para deshacerse de las emociones negativas, primero debe ser honesto acerca de lo que realmente siente. Aunque puede afectar su ego al admitir que está luchando contra las emociones negativas, al ser sincero acerca de sus sentimientos, se encontrará en una posición mucho mejor para superar esas emociones negativas que si no hubiera sido honesto consigo mismo.

Evitar las drogas

Algunas personas encuentran consuelo en las drogas cuando experimentan inestabilidad emocional. No considere esa opción. Aunque las drogas pueden parecer una gran solución, su efecto es de corta duración. Tendrá que consumir más y más drogas para combatir el dolor, pero se convertirán en una adicción. Será mejor luchar contra sus emociones negativas estando sobrio. No es sencillo, pero es una mejor alternativa.

Disminuir sus expectativas

Tener expectativas elevadas puede ser arriesgado si no las cumple. Es probable que se deprima y luche con pensamientos obsesivos. Debe aprender a reducir u omitir sus expectativas por completo. Al no tener expectativas elevadas, no significa que deba dejar de esforzarse. Significa que se encuentra enfocado, pero desea que el universo le sorprenda.

Ser agradecido

Es fácil sentirse como víctima bajo el peso de las emociones negativas. Sin embargo, realice una pausa por un momento. Piense en lo que ya tiene. Si es una persona agradecida, es menos probable que experimente esas emociones, ya que tendrá una mentalidad de abundancia. Pero si es una persona ingrata, siempre querrá más.

Cuidar su alimentación

Los estudios demuestran que existe una gran correlación entre la mala alimentación y los problemas de salud mental, como la depresión y los pensamientos obsesivos. Evite comer comida chatarra y comience a preparar comidas saludables. Al adoptar una dieta saludable, mejorará su bienestar emocional y físico. Además, una dieta saludable le permitirá ahorrar dinero.

Calidad de sueño

Cuanto mejor duerma, mejor será su salud mental. Asegúrese de dormir por lo menos seis horas cada noche. Al tener un sueño de calidad, tendrá más energía para enfrentar el día y, lo que es más importante, su cerebro funcionará en un nivel óptimo. Es menos probable que se involucre en situaciones que afecten su estado de ánimo. Sin embargo, si no duerme lo suficiente, es probable que se sienta irritable y más inclinado a tener emociones negativas.

Aceptar a otras personas

Evite guardar rencor hacia otras personas. No significa necesariamente haberles perdonado. Sin embargo, debe comprender que, al guardar rencor, atrae energía negativa a su vida. La energía negativa genera estrés y ansiedad. No le ayudará. Pero si abandona los rencores, se liberará de esa energía y abrirá las puertas a la felicidad.

Música

Al experimentar inestabilidad con sus emociones, intente obtener calma escuchando música suave. Con la música adecuada, puede combatir las emociones complicadas y abrir espacio a la paz. Los estudios demuestran que la música tiene un efecto terapéutico. En lugar de solo escuchar música y dejar que las emociones jueguen dentro de su mente, también puede cantar, y esto acelerará el proceso de curación.

Reunirse con amigos

Sus amigos no existen solamente para los buenos momentos. Deben estar ahí para usted cuando las cosas marchen mal. Al estar deprimido y luchando contra las emociones negativas, reúnase con sus amigos y ellos le ayudarán a salir adelante. Si ha desarrollado una relación cercana con sus amigos, puede compartir con ellos lo que le aflige. Sin embargo, debe tener vínculos estrechos antes de hacerse vulnerable porque podría terminar como un tonto.

Ser consciente de sí mismo

Cuanto más experimente distintas emociones, debe aumentar su conciencia de sí mismo. Considérelo como una oportunidad para aprender sobre su verdadero carácter, sentimientos, deseos y motivaciones. Al tener una gran conciencia de sí mismo, está en condiciones de mantener equilibradas sus emociones.

Capítulo 24: Señales de Tener Capacidad de Sanación Espiritual

En las sociedades occidentalizadas, si una persona sufre de una enfermedad, la solución es consultar un médico. La medicina moderna es útil, pero incluso existe una técnica curativa más potente conocida como sanación espiritual. Esta práctica es relativamente nueva y aún no ha tenido una gran aceptación, pero sus profesionales reconocen que funciona. La sanación espiritual no se preocupa por aliviar una sola enfermedad, sino por restaurar la salud individual. Los sanadores espirituales reconocen su potencial desde que eran pequeños. Las personas empáticas tienden a tener una capacidad inherente para convertirse en sanadores espirituales. Los siguientes son algunos signos que indican que usted posee el potencial de convertirse en un sanador espiritual:

Carencia de enfermedades

Es probable que irradie cierta energía que evita que usted enferme. No recuerda haber ido al hospital para recibir medicamentos o una inyección. Siempre ha tenido una salud perfecta. Aunque usted viva una vida normal como el resto de las personas, parece que no le afectan los gérmenes que causan enfermedades a la gente.

Tiene una peculiar habilidad para percibir patrones

Siempre ha parecido que puede descifrar un patrón para la mayoría de las cosas que suceden en su vida o en la vida de otras personas. Desde que era pequeño, estos patrones le han resultado lógicos, y otras personas le consideran extraño por poder hacer eso.

Se siente conectado con los animales

Nunca ha entendido a las personas que tratan a los animales cruelmente. Posee un vínculo muy especial con los animales, y es casi como si pudiera comunicarse con ellos. Usted ha tenido varias mascotas desde que era pequeño y, en particular, tiene gatos o perros.

Atrae a los niños

Es casi como si los niños estuvieran magnetizados con usted. No importa si los niños no están familiarizados con usted, seguirán corriendo y chocarán contra usted. Los niños se sienten muy emocionados a su alrededor. Y parecen perderse en cada una de sus palabras. Le consideran una figura de autoridad.

Evita las multitudes

Las áreas repletas de gente como los centros comerciales y clubes nocturnos parecen darle un mini ataque al corazón. El ruido producido por todas esas personas afecta su paz. Estar rodeado por muchas personas tiende a agotar su energía. Esto hace que evite activamente estar atrapado en las multitudes.

Puede predecir cambios climáticos

Tiende a saber instintivamente cómo evolucionará el clima en el transcurso del día. Podría estar lloviendo en este momento, y su instinto le indica que saldrá sol en el siguiente instante, y efectivamente, el sol brilla después. Ser sensible a los cambios climáticos es un regalo peculiar, y si lo tiene, definitivamente es un sanador de energía.

Las personas acuden a usted en busca de ayuda

La gente confía en usted para buscar respuestas. Las personas que apenas conoce a menudo se acercan y "abren sus corazones". Es como si consideraran que usted tiene sus respuestas. Le piden consejos sobre cómo lidiar con las frustraciones de la vida. Y tal y como ellos esperaban, desempeña ese papel perfectamente bien.

Es un buen oyente

Se ha dado cuenta de que escuchar es una de sus cualidades más fuertes. La gente puede seguir y seguir sin darle la oportunidad de hablar, y no le molesta en lo más mínimo. Esta habilidad le permite ser lo suficientemente paciente como para permitir que las personas revelen todo lo que puedan sobre sí mismas.

Sus pasatiempos son distintos a los de sus amigos

Quizás sus compañeros disfruten jugando al ping-pong, haciendo una fiesta en la playa o incluso practicando algún deporte. Sin embargo, usted no siente interés en los pasatiempos comunes. Sus pasatiempos incluyen cosas como practicar yoga o leer novelas. Su interés en pasatiempos no convencionales le ha hecho menos destacado entre sus compañeros.

Sus sueños se hacen realidad

Todo lo que visualiza en sus sueños se vuelve realidad. Diversos elementos en sus sueños pueden ser simbólicos, pero aún tendrá el entendimiento de recibir el mensaje. Esta habilidad le ha otorgado poderes precognitivos. Parece que conoce lo que depara el futuro.

Ha sobrellevado un incidente traumático

Tal vez tuvo una infancia complicada, y esto le marcó de por vida. Sin embargo, el trauma fue crítico para despertar su capacidad de sanación espiritual. A medida que ha madurado, ha superado el trauma en su pasado y está prosperando en la actualidad. Pero ocasionalmente, los recuerdos aparecen en su cabeza.

No tiene un sentido de pertenencia

Ha estado en muchos lugares y ha hecho muchas cosas, pero nunca se ha sentido del todo bien en casa. Se siente como un extraterrestre de otro planeta. No conoce a nadie a quien pueda llamar alma gemela. Sí, la buena costumbre está ahí, pero no puede relacionarse con otras personas a un nivel esencial. Al principio, solía molestarle, pero ya no.

Hipensensibilidad electromagnética

Esto le ha hecho sentir extraño consigo mismo. Estar cerca de algún objeto que emite señales electromagnéticas tiende a afectar su funcionamiento normal. Por ejemplo, puede entrar a una habitación y las luces comienzan a parpadear, o puede tocar una radio, y de repente se apaga.

Atrae a personas que necesitan ser salvadas

Mirando hacia atrás a todas las personas que entraron en su vida, se sorprende al darse cuenta de que necesitaban algo de usted. Necesitaban ser salvados. Y usted hizo un gran trabajo salvándoles, o al menos lo intentó.

Ha presenciado diversas situaciones paranormales

En lo más profundo de su ser, sabe que existe más en la vida de lo que conocemos actualmente. Ha experimentado en varias ocasiones eventos sobrenaturales que lo dejaron desconcertado. Tal vez al dormir pudo sentir una presencia extraña en su habitación, o tal vez ha visto una entidad que puede ser descrita como de otro mundo. Está convencido de que existe una gran cantidad de misterios que aún no hemos descubierto.

Capítulo 25: Cómo Fortalecer su Cuerpo Mental

Esta es la parte de usted que comprende los pensamientos y la conciencia. Para lograr una salud plena, debe asegurarse de que su cuerpo mental se encuentre en óptimas condiciones de funcionamiento. Los siguientes consejos le ayudarán a fortalecer su cuerpo mental:

> o **Establecer objetivos**: Al establecer un objetivo, alienta a su mente a que lo ayude a lograr sus deseos. Un objetivo no debe ser manejado como un simple deseo. Debe especificar exactamente lo que desea lograr e imponer un límite de tiempo. Pero sus objetivos deben ser alcanzables. Si se mantiene firme, puede comprender la diferencia entre ser ambicioso y poco realista.
>
> o **Enriquecer su entorno**: Todos los días, estamos sujetos a numerosas decisiones. Si nuestra resolución es débil, podemos sucumbir fácilmente a las malas decisiones. Sin embargo, debemos alentarnos a tomar las decisiones correctas estableciendo el entorno adecuado. Por ejemplo, si su propósito es ejercitarse por la noche, coloque sus zapatos de entrenamiento en un área abierta para que cuando regrese, vea sus zapatos y la idea comience a fluir. Si desea comer de

manera saludable, deshágase de la comida chatarra para evitar caer en la tentación.

o **Deshacerse de los atajos**: Si prefiere tomar atajos, no le llevarán a ninguna parte. Todas las cosas buenas requieren esfuerzo. Lo último que desea es familiarizar su mente con el hábito tóxico de tomar atajos. Si está entrenando, asegúrese de completar las repeticiones y no se engañe. Mantenerse fiel a sí mismo no solo le ayuda a lograr sus objetivos, sino que también mejora su integridad.

o **Aceptar la inconformidad:** Al volverse demasiado complaciente, perderá gradualmente su resolución y desistirá de sus objetivos. No permita que eso suceda. Acepte ser inconformista. Este espíritu le permitirá luchar por sus sueños. Enseñe a su mente algo de resiliencia. De esta manera, puede ir en contra de todas las probabilidades y logrará lo que se propone.

o **Enfrente sus pensamientos negativos**: Si conserva negatividad en su mente, le resultará complicado progresar. Como persona empática, la negatividad restringe tanto sus habilidades psíquicas como su creatividad. No es posible eliminar toda la energía negativa que reside en usted, pero debe asegurarse de que su negatividad sea, al menos, disminuida.

o **Desafiarse a sí mismo**: Es a través de la perseverancia de los desafíos que nos convertimos en mejores personas de lo que previamente habíamos sido. Al no desafiarse a sí mismo, no podrá crecer. Al condicionar a su mente para que espere desafíos, tiende a estar en el espacio correcto para lograr un gran rendimiento. Sin embargo, al elegir el camino más fácil disponible, puede perder su enfoque y su espíritu de lucha.

o **Demostrar que la gente se equivoca:** Si alguien le dice que no puede hacer algo, considere su comentario como un estímulo para hacerlo y demostrar que está equivocado. Como persona empática, se encontrará con muchas personas que le desvalorizarán, pero nunca debe darles la satisfacción de dejarles ganar. Al mostrarle a la gente que está equivocada, le hará sentir mejor y también aumentará considerablemente su autoestima.

o **Leer**: Cuantos más libros lea, más conocimientos tendrá sobre diversos temas. El conocimiento es poder. Y realmente ayuda a tener un cerebro más desarrollado. Los estudios han revelado que la lectura hace que las células del cerebro aumenten. Este fenómeno se conoce como neuroplasticidad, por lo que se forman nuevas células cerebrales para almacenar nueva información.

o **Mejorar su alimentación**: Si desea que su cuerpo mental funcione adecuadamente, debe mejorar su alimentación. Evite la comida chatarra. Comience a ingerir alimentos saludables que incluyan todos los elementos vitales. Coma frutas y verduras también. Una dieta adecuada no solo es beneficiosa para la mente sino también para el cuerpo en general. No se trata de solamente comer saludable una vez y después olvidarlo, ¡no! Es importante que esto sea parte de su estilo de vida.

o **Ejercicio**: La importancia de ejercitarse no puede ser sobreestimada. El ejercicio es excelente para la salud de la mente y el cuerpo. La mejor parte es que no necesita herramientas sofisticadas para comenzar. Todo lo que necesita es espacio, equipo básico (a veces nada) y listo. Para obtener todos sus beneficios, debe hacer de los ejercicios una parte de su estilo de vida en lugar de hacerlo solo por una vez.

o **Dormir**: Su mente se relajará al dormir. Cuanto mejor duerma, más se renovará su mente. Cuando su mente se renueva, puede tener una gran auto-motivación a lo largo del día, y estar en una mejor condición para llevar a cabo sus actividades. El sueño le ayudará a elevar también sus vibraciones.

o **Limitar el tiempo que pasa viendo televisión**: El propósito principal de la televisión no es entretenerle; es obtener dinero. Existe un sinfín de contenido en la televisión que es tanto inapropiado como engañoso. Si se deja envolver por este contenido, será atrapado de manera subliminal. Por lo tanto, debe evitar la televisión y buscar una forma alternativa de entretenimiento. Intente mantenerse alejado de la televisión para que no atrape su mente y, lo que es más importante, puede aprovechar mejor su tiempo.

o **Romper el patrón**: Si su mente se ha acostumbrado a una sola manera de hacer las cosas, debe romper el patrón para que su cerebro pueda activar el otro lado, así como acceder a ambos hemisferios. Cambie la forma en que normalmente hace las cosas.

o **Reflexionar**: Evite perderse en su trabajo y actividades que se olvide de vivir. Y no hay mejor manera de vivir que a través de la reflexión. Al detenerse a mirar hacia atrás en su progreso, puede apreciar su contribución y, al mismo tiempo, animarse a ser aún mejor.

o **Conocer gente inteligente**: Esta es otra forma increíble de mejorar su mente. Dicen que el hierro afila el hierro. Conozca gente nueva e inteligente y aprenda de ella.

Capítulo 26: ¿Qué es una Persona Empática Psíquica y Cómo Saber si Usted es Uno de Ellos?

El término empatía cubre una amplia gama de personas con capacidades empáticas. Una persona empática psíquica tiene el extraordinario don de sintonizar con los sentimientos ocultos de otras personas. Las personas empáticas psíquicas nacen con este don, pero solo comienza a manifestarse después de su infancia. Como los niños, los empáticos psíquicos tienden a ser tímidos y sensibles, y sus compañeros tienden a tratarlos con sospecha. Si no reciben ninguna ayuda, es probable que tengan una vida complicada en su juventud con la reputación de ser inadaptados sociales. Los siguientes son algunos rasgos que caracterizan a este tipo de empáticos:

Telepatía

Las personas empáticas psíquicas pueden transmitir patrones de pensamiento de sus mentes a otra persona. Además, pueden conocer los pensamientos de otras personas sin importar la distancia entre ellos. Por ejemplo, reconocen instintivamente cuando alguno de sus padres está triste o deprimido, ya que pueden compartir su tristeza en lo más profundo. Podrían estar comiendo helado en un momento, y al momento siguiente sienten que algo está mal, y cuando contactan con alguien sobre lo que hayan pensado, normalmente es el caso.

Tienen buena suerte

A una persona empática psíquica parece seguirle la buena suerte. Estas personas no solo traen suerte para ellas mismas sino también para otras personas. Por ejemplo, si se reúnen con alguien e intercambian saludos, esa persona procederá a encontrar buena suerte a lo largo del día. Si le dan algo de dinero a alguien, es probable que la persona encuentre más suerte durante la mayor parte de ese día o semana.

Evitan los conflictos

La forma más fácil de hacer que una persona empática psíquica se aleje es enfrentarle o amenazarle. Estas personas prefieren hacer las paces, no luchar. Se sienten agotadas por la idea de tener que discutir como una forma de corregir un error.

Alta estimulación sensorial

Los nervios sensoriales de una persona empática psíquica son muy activos. Por esta razón, tienden a reaccionar a los estímulos mucho más rápido que la persona promedio. Pueden abrumarse con demasiada facilidad. Por esta razón, tienden a evitar lugares con demasiado ruido o demasiada luz, básicamente cualquier cosa en extremo. Así mismo, son excelentes para detectar sensaciones que se perdería una persona promedio. Pueden detectar cosas más sutiles sobre un lugar o persona.

Sus instintos sobre la gente están en el dinero

Las personas empáticas psíquicas parecen saber por instinto cómo es alguien. Por esta razón, si es una mala persona, no pillará a una persona empática psíquica totalmente desprevenida. Reconocerá que es una mala influencia, pero de alguna manera aún le dará el beneficio de la duda, y después de revelar sus verdaderas intenciones, se dará cuenta de que su primer instinto fue preciso.

Tienen amigos imaginarios

Una persona empática psíquica está en contacto con el mundo espiritual. Incluso se han hecho amigos con entidades en el ámbito espiritual, también conocidas como guías espirituales. Los guías espirituales actúan como sus protectores y les revelan secretos y visiones. Por extraño que parezca, obtienen más satisfacción al interactuar con los guías espirituales de lo que nunca lo haría al interactuar con personas normales.

Parecen solitarios

Para el observador promedio, una persona empática psíquica puede parecer la persona más solitaria porque siempre está sola. Sin embargo, por extraño que parezca, casi nunca parece solitaria o emocionalmente inestable. Puede que no tenga contacto humano, pero eso no significa que esté sola. Tiende a tener imaginaciones muy activas. Los mundos que ha creado en su mente están extremadamente llenos de diversión. Pero, de nuevo, existe un porcentaje de personas empáticas psíquicas que anhelan el contacto humano y en realidad están solos.

Tienen una vida pasada

Las personas empáticas psíquicas son almas viejas que han existido en otro lugar anteriormente. Por extraño que parezca, parecen tener un leve recuerdo de sus vidas pasadas. Pueden recordar su vida pasada, y aunque los recuerdos no son vívidos, tienen una comprensión básica de cómo era la vida en ese mundo.

Comunicación con los animales

Una persona empática psíquica parece tener la sorprendente habilidad de comunicarse con los animales. Tal vez establecerá contacto visual o tocará al animal, y luego la información comenzará a fluir. Los animales están completamente cómodos alrededor de estas personas. En casos extremos, una persona empática psíquica puede hacer que un animal se estimule.

Afectuosos y compasivos

Las personas empáticas psíquicas no se alejan de las personas porque creen que son superiores a ellos; se alejan porque la gente les abruma. Esto no significa que sean incapaces de expresar amor. Expresan calidez y compasión a las personas con las que tienen vínculos estrechos. La mejor parte es que esto es compasión genuina. No pueden fingir su amor.

Problemas de sueño

Las personas empáticas psíquicas padecen una serie de problemas relacionados con el sueño. Sus problemas de sueño probablemente comenzaron en la infancia. Los problemas pueden ir desde orinarse en la cama, pesadillas e incluso insomnio. Por supuesto, estos problemas relacionados con el sueño han tenido un efecto negativo en su calidad de vida.

Habilidad para conectar puntos

Las personas empáticas psíquicas son extremadamente creativas y pueden juntar partes separadas para formar un todo. Su capacidad para conectar puntos les permite encontrar soluciones a problemas existenciales. Si desarrollan su potencial creativo, pueden convertirse en innovadores o grandes artistas. La mayoría tienden a obsesionarse con la conexión de estos puntos, de modo que cuando una pieza está completa, rápidamente comienzan a conectar el siguiente conjunto de puntos.

Tienen problemas para dejar ir

Las personas empáticas psíquicas no abren sus corazones a todos los que tratan de captar su interés. Sin embargo, una vez que abren sus corazones, tienden a amar con una gran voluntad. Por esta razón, terminar una relación sería desastroso. Tienen problemas para dejar ir después de invertir gran parte de sus emociones en la relación.

Capítulo 27: La Diferencia entre las Personas Empáticas y las Personas Altamente Sensibles

Aunque las personas empáticas y las personas sensibles parecen ser muy similares, en realidad existen algunas diferencias entre ambas. Lo primero que debe entender es que ser una persona altamente sensible o empática no se excluye mutuamente. Puede ser las dos al mismo tiempo. Las siguientes son algunas diferencias entre personas altamente sensibles y empáticas:

Las personas altamente sensibles tardan más en relajarse y recuperar su energía que los empáticos

Tanto los empáticos como las personas altamente sensibles tienden a ser sobreestimuladas después de pasar el día relacionándose con otras personas. Mientras que los empáticos se recuperan de la sobreestimulación mucho más rápido, las personas altamente sensibles necesitan mucho más tiempo para recuperarse de la sobreestimulación. Por esta razón, una persona altamente sensible se aislará a sí misma mucho más tiempo que el empático. Las personas altamente sensibles, como su nombre indica, tienden a permanecer demasiado en sus experiencias sensoriales. Sus cerebros están conectados de forma peculiar para escuchar ciertas palabras clave.

Una persona altamente sensible generalmente tiene una serie de inseguridades que la hacen increíblemente tímida. No importa lo perfectos que les parezcan a la persona promedio, pero una vez que esta inseguridad se acerque a esa persona, entonces puede ser bastante difícil superar la inseguridad. Por ejemplo, si alguien creció sintiéndose feo, podría internalizar este sentimiento en la medida en que nadie lo ayude a verse a sí mismo desde una perspectiva diferente. Cuando esa persona sale y se da cuenta de que la gente le está mirando fijamente, automáticamente pensará que la gente está analizando su apariencia y encontrándola desagradable.

Esto activará la alarma en su cabeza sobre lo feos que son y lo que sigue es una racha de pensamientos obsesivos. Cuando una persona es extremadamente sensible, tiende a ser sensible a casi todo. Cuando se deshace de una preocupación, inmediatamente encontrará algo más sobre qué preocuparse. Por otro lado, las personas empáticas son sensibles, sí, pero son sensibles a las energías que flotan a su alrededor. Esto significa que dejan de sentirse mal una vez que la fuente de su angustia se aleja de ellos. Por esta razón, después de un día de relacionarse con otras personas, se encuentran en una mejor condición para restaurar su energía que las personas altamente sensibles.

Las personas altamente sensibles son introvertidas, mientras que los empáticos pueden ser introvertidos o extrovertidos

Tanto para las personas altamente sensibles como para los empáticos, el rasgo de personalidad más común que comparten es el de la introversión. Las personas altamente sensibles son exclusivamente introvertidas, mientras que los empáticos, aunque la mayoría son introvertidos, también podrían ser extrovertidos. Para comprender por qué una persona altamente sensible no tiene ninguna posibilidad de ser extrovertida, debe entender cómo funciona su mente. Una persona altamente sensible tiene creencias en su mente de que sigue buscando evidencia de apoyo. Debido a su naturaleza extremadamente sensible, continúa interpretando de manera incorrecta lo que la gente quería decir. Por ejemplo, si un profesor asiste a una sesión y continúa enfocando su mirada en cierta chica altamente sensible, la chica podría pensar que algo anda mal, pero sin que lo sepa, el profesor realmente la encuentra atractiva.

Entonces, la chica se obsesionará con todo lo que la gente piensa, este ciclo de pensamiento es absolutamente agotador. En última instancia, tendrá que retirarse a un lugar tranquilo para recuperar su compostura y energía. No es posible lograrlo sin tener que apartarse, la tendencia introvertida clásica. Por otro lado, un empático desempeña el papel de una esponja emocional. Tiende a captar las vibraciones de las personas que le rodean. Si está cerca de personas buenas, se siente bien, y si está alrededor de personas malas, también se sentirá mal. Esto también puede llevarle a buscar la soledad. Excepto que existen personas empáticas que entienden la condición con la que luchan.

Una persona empática extrovertida elegirá mantenerse alejada de las personas que se aprovechan de su energía y se asocia con los de buen carácter. En otras palabras, toma ventaja de su capacidad para absorber las energías de las personas al optar por absorber la energía positiva.

Las personas empáticas pueden sentir la energía más sutil

La capacidad de las personas altamente sensibles para captar energías sutiles no es tan afinada como la de los empáticos. Una persona empática puede detectar incluso la más mínima emoción, ya que está conectada con personas en un nivel muy primordial. Parece poder acceder a la mente de una persona y obtener acceso total a sus emociones. Por otro lado, aunque una persona altamente sensible absorba la energía de otras personas, simplemente captará su vibra en general y se perderá la sutileza. Una persona empática es mucho más probable que pase por una montaña rusa de emociones, pero una persona altamente sensible se queda atrapada en un ciclo de pensamientos negativos una vez que se activa.

Las personas empáticas internalizan los sentimientos de otras personas

Cuando una persona empática percibe las emociones de otras personas, no se detiene allí. Ellos mejoran las emociones de otras personas para convertirlas en propias. Por lo tanto, si alguien está inmerso en un mundo de dolor, la persona empática se ve obligada a sentir el dolor también. En ese sentido, las personas empáticas están a merced de las personas con las que interactúan.

Las personas altamente sensibles no pueden internalizar los sentimientos de otras personas. Tienen demasiadas inseguridades - reales e imaginarias. Lo que sucede es que alguien dirá algo o hará algo y la persona altamente sensible se activará. Las personas altamente sensibles tienen habilidades de observación muy agudas y examinan los hechos de las personas en contra de su base de datos de inseguridades. Una vez que comienza la racha de pensamientos negativos, no hay vuelta atrás.

Las personas empáticas tienen problemas para distinguir la incomodidad de otra persona como suya

Como persona empática, podría estar sentado en una sala de conferencias, tratando de prestar atención, y luego ¡bam! empieza a experimentar pensamientos angustiantes. A pesar de haber internalizado esos pensamientos, no logra distinguir el origen. Entonces, decide sufrir tranquilamente. Por otro lado, la persona altamente sensible puede diferenciar su angustia emocional de la de los demás.

Capítulo 28: Cómo Aumentar sus Habilidades Psíquicas

A pesar de poseer potencial psíquico, aún debe capacitarse para que sus habilidades puedan afinarse con precisión. Los siguientes son algunos consejos para ayudarle a mejorar sus habilidades psíquicas:

Meditar diariamente

La meditación le permite elevar su vibración. La energía del espíritu vibra a alta frecuencia. A través de la meditación, puede aumentar sus poderes mentales y espirituales y ser capaz de realizar actos psíquicos mayores. La meditación no es una actividad intensiva en recursos. Puede meditar casi en cualquier lugar. Solo necesita un ambiente sereno y algo de tiempo libre.

Comunicarse con su guía espiritual

Su guía espiritual es básicamente una entidad que le protege. Le ilumina y le hace perspicaz. Cuando solicite su apoyo, aumentará sus posibilidades de lograr lo que desea. Conserve un lugar sagrado para reunirse con su guía espiritual.

Usar psicometría

La psicometría es la práctica de descifrar las energías de un objeto. Si puede llegar a ser experto en esta disciplina, recibirá un gran impulso a sus habilidades psíquicas. Adquiera un objeto que tenga un valor sentimental, por ejemplo, un anillo de matrimonio, y trate de imaginar las energías del propietario.

Visualización de flores

Para construir habilidades psíquicas sólidas, es indispensable mejorar el ojo de su mente. Puede lograr esto a través de la visualización de flores. El ejercicio implica recoger algunas flores y sostenerlas frente a usted. Ahora cierre los ojos y comience a imaginar cada una de ellas por separado.

Visualización aleatoria

Al terminar de usar la visualización de flores para fortalecer el ojo de su mente, ahora puede explorar algo de aleatoriedad. Simplemente cierre los ojos y recuéstese sobre su espalda en un ambiente sereno e invite a sus guías espirituales a mostrarle las maravillas del universo. Sus guías espirituales deberían mostrarle imágenes y videos magníficos.

Dar un paseo por la naturaleza

Los psíquicos sienten una gran conexión con la naturaleza. Podría pasear por un parque natural mientras practica meditación consciente. Realice paradas ocasionales para disfrutar el aroma de las flores y disfrute su belleza. Déjese llevar con la majestuosidad de la naturaleza.

Eliminar la negatividad

No es posible tomar ventaja de sus poderes psíquicos si conserva en su interior demasiada negatividad. Elimine la negatividad al aumentar su autoconciencia y perdonarse a sí mismo. También es necesario tomar las medidas necesarias para corregir los errores que ha cometido. Una vez que esté libre de negatividad, encontrará el espacio adecuado para utilizar sus poderes psíquicos.

Creer en sí mismo

No puede convertirse en un clarividente experto a menos que tenga una fe excepcional en sí mismo. Una de las formas de aumentar su confianza en sí mismo es a través de la lectura de aquellos que tuvieron éxito antes de usted. Encuentre libros escritos por clarividentes exitosos y lea sobre ellos para que pueda familiarizarse con sus historias. Aprenda sus trucos. Cuanto más estudie sobre los clarividentes exitosos, mayores serán sus probabilidades de ser exitoso.

Descansar

Tener un descanso de calidad es absolutamente necesario. Cuanto más descanse, más energía tendrá para canalizar sus actividades psíquicas. Una de las mejores maneras de garantizar un descanso de calidad es dormir lo suficiente. Es indispensable dormir por lo menos seis horas cada noche. Esto asegurará que su mente esté renovada y que se encuentre en las mejores condiciones físicas. Tener suficiente descanso es crucial para el desarrollo de sus habilidades de clarividencia.

Intentar leer los pensamientos de otras personas

Esta es una manera perfecta de fortalecer sus habilidades clarividentes. Cuando se encuentre con alguien, solo mírelo a los ojos e intente imaginar en qué está pensando. Si puede leer con precisión las mentes de otras personas, puede estar seguro de que sus habilidades psíquicas están muy bien desarrolladas.

Llevar un registro de sus sueños

Las personas con capacidades psíquicas suelen soñar mucho. Después de cada sueño, asegúrese de anotarlo en un diario. Esto le ayudará a llevar un seguimiento de los sueños que se hicieron realidad. Al darse cuenta de que sus sueños empiezan a hacerse realidad, eso indica que sus habilidades clarividentes se están afinando.

Mejorar su capacidad de visión remota

La visión remota es la capacidad de ver un lugar o un evento a través del ojo de su mente sin estar físicamente presente. Para mejorar su capacidad de visualización remota, debe hacer un buen uso de su imaginación. Comience con la visualización de lugares cercanos a usted, y cuando los visualice correctamente, puede moverse a lugares y objetos remotos.

Superar sus miedos

Si tiene algún temor en su mente, no logrará su potencial pleno como clarividente. Es necesario eliminar el miedo para poder canalizar todas sus energías mentales en sus actividades psíquicas. El primer paso para eliminar el miedo es aumentar su conocimiento. Cuanto más sepa sobre una situación, menos inculto será y más poder y coraje adquirirá.

Resolver sus diferencias con quienes le rodean

Si tiene problemas con otras personas, asegúrese de resolverlos. No es posible alcanzar su potencial clarividente por completo cuando no está en paz consigo mismo o con otras personas. Deseche la carga de la amargura y resuelva sus diferencias con quienes le rodean. De esta manera, su mente estará en condición de canalizar sus energías en actividades psíquicas.

Practicar visualización de auras

Este es otro gran ejercicio para mejorar sus habilidades psíquicas. Pida a un amigo que se pare junto a una pared de color liso. Luego, mírele usando su tercer ojo. Observe si puede ver su campo áurico. Si tiene una alta vibración, su aura parecerá brillante.

Pedirle a un amigo que le llame

Póngase en contacto telepáticamente con un amigo y pídale que le llame. Cuanta más energía mental invierta en esta actividad, más probable será que su amigo le llame.

Si una persona empática desarrollara su potencial psíquico, podría llegar a ser tan hábil que un trabajo en esa línea sería realmente exitoso.

Conclusión

Un empático es una persona con el don especial de absorber las energías de las personas que las rodean y creer que son propias. Existen diversas categorías de empáticos:

o Empáticos emocionales: Perciben las emociones de otras personas y creen que son propias. Si permanecen cerca de personas tristes, terminan poniéndose tristes, y si permanecen cerca de personas felices, terminan sintiéndose felices.

o Empáticos médicos: Pueden detectar el estado físico de los cuerpos de otras personas. Pueden saber qué es lo que enferma a una persona en particular en un instante.

o Empáticos geománticos: Están en sintonía con ciertos entornos o paisajes.

o Empáticos de plantas: Comparten una conexión con la vida vegetal. Pueden comunicarse intuitivamente con diversas plantas.

o Empáticos de animales: Comparten una fuerte conexión con los animales. Los animales confían en ellos, y pueden percibir sus sentimientos.

o Empáticos intuitivos: Pueden obtener información de las personas prestando atención a su intuición.

o Empáticos psicométricos: Pueden absorber la energía de diversos objetos.

o Empáticos precognitivos: Son conscientes de eventos futuros mucho antes de que tengan lugar.

Descubra más libros de Kimberly Moon

CPSIA information can be obtained
at www.ICGtesting.com
Printed in the USA
BVHW051816170223
658736BV00005B/672